書山有路勤為徑
學海無崖苦作舟

文經閣

書山有路勤為徑
學海無崖苦作舟

文經閣

百年修得同船渡，千年修得共枕眠

夫妻禪話

夫妻能結為夫妻完全在一個「緣」字。
是善緣；是惡緣。看你惜緣與否？
是報恩；是報仇。全然存乎一念。

果偉居士◎編著

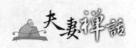

序——愛的初發心

「夫妻」是一對男女經過結婚的儀式或過程之後，才開始有代表彼此從此成為一個個體的名詞。

「夫妻」代表著此情不渝、此生不悔，代表著海誓山盟、至死相守，代表著曾有一段甜甜蜜蜜的熱戀，代表著今後將和和樂樂的相互扶持廝守一生，白頭偕老。

但，這些似乎都已經成為過去了。現代人已不再懂得尊重婚姻生活，視夫妻間的相互信賴、扶持、體諒為陳舊的歷史名詞，而一味追求所謂的「女權至上」、「男女平等」，使原本應甘之如飴的平靜生活，掀起了一些波痕。加上電視上各種連續劇與新聞媒體的渲染和現代人新價值觀的不同。更使得原本已漸變質的夫妻關係，加劇其惡化的程度。這點不難從審計處統計的離婚率中輕易的看出；台灣二〇一一年的統計，每十對大妻中就有一對夫妻離婚，這項記錄為世界第二；亞洲第一。

奇怪了！這麼高的離婚率，造成了這麼多的單親家庭，造成了這麼多的社會問題，浪費了這麼多的社會成本，似乎還引起不了人們的正視與關心嗎？

唉！愚昧啊！眾生真是太愚昧了！

世界上有十幾二十億人口，而在這麼多的人當中，你（妳）誰都不去愛，偏偏要去選上他（她），這機率是幾億分之一而已，這麼低的機率，這麼難得的機會，因緣際會湊巧碰在一起而結合，若不是緣訂三生前世修得，又有誰可以在茫茫數億人當中為你們湊合呢？為什麼又不善自珍惜呢？

相信每對離婚的夫妻，若事先知道自己日後將會與他（她）離婚，當初就絕對不會點頭同意與他（她）締結婚姻。

在結婚時，每個人都是希望藉由婚姻能與心愛的人組織一個幸福家庭，兩人從此生活在屬於自己的小世界裡，恩恩愛愛，甜甜蜜蜜，朝朝暮暮。對倆人的未來充滿憧憬與幻想。誰知，曾何幾時竟……。

其實夫妻反目、爭吵，甚至由愛生恨，根本就不是倆人當初結婚的本意，只是因為不小心而造成的一點小錯誤，因對方的不諒解，日積月累而慢慢衍變出離婚的結果。

有一則故事可供大家參考；

序 Preface 言

在禪宗的大師中，有一位蘭若寺的當家師父，人稱「金代禪師」，金代禪師是一位門風嚴謹重視戒律的當代大和尚，所以門下弟子眾多，皈依的在家弟子也有數萬人之多，可說是位重興禪宗教派的大宗匠。

金代禪師一生講經宏法、普度眾生。閒暇之餘唯有栽培蘭花以自愉。閒來修修花枝、剪剪葉瓣，除怡情養性之外，也拿蘭花來供佛或裝飾寺院增添雅氣。

有一天，金代禪師因鄰近的寺院來邀，請禪師主持該寺的法會，禪師慨然應允。臨行時交代弟子：「寺內蘭花務必定時澆水妥善照顧。」

一次，有位弟子在澆水時，不小心把整個蘭花架打翻了，架上的蘭花盆也打碎了不少。弟子們都非常恐懼，害怕師父回來後會大發雷霆。但，怕歸怕事情既然已經發生了，也只有將蘭花收拾好，能換盆就換盆。不知怎麼處理的，也只好等師父回來後，再向師父道歉懺悔請求處罰了。

數日之後，金代禪師從外地回來了，見弟子們個個一副忐忑不安的樣子，心裡有了些疑問，等他進了內院看見蘭花架的蘭花後，心裡就已經有了個譜了。當夜，他不等弟子向他報告蘭花損壞的情形，就召集弟子們集合，他不但沒有責備弟子的魯莽失職，反而安慰弟子說：

「你們不小心打壞了蘭花，內心一定很難過，因為打壞了師父心愛的東西，也以為我會為　此生氣而來責備你們。其實，你們錯了！師父我種蘭花的目的；一是希望能用此蘭花來供養佛菩薩，二則也能美化一下寺內的環境，三來是藉此能怡情養性。但，絕不是為了生氣才養蘭花的。」弟子聽了禪師的話，才放下原來忐忑不安的心。

金代禪師的一句話：「不是為了生氣才養蘭花的」。這句話很重要，套用在日常生活夫妻相處中，也有很大的啟示作用。

「我們不是為了離婚而結婚的。」

「我們不是為了生氣而結婚的。」

「我們不是為了吵架而結婚的。」

「我們不是為了……而結婚的。」

……………

想一想當初是為了什麼才決定結婚的：是為了共度美好時光，為了一起開創未來，為了共同理念，為了郎情妹意，為了兩情相悅，為了一切一切的美好…………。

但，絕不會是為了離婚才結婚的。想一想當時對方那時的初發心，想一想對方當時的柔順美好；忍一忍現在的不順心，忍一忍現在一時錯誤的他（她）。一些問題馬上就會煙

序 Preface 言

消雲散陰霾盡去。

有一句話是這樣的：「愛他，就是要愛每一個階段的他。」

畢竟全世界有二、三十億的人，兩人能有緣碰在一起，彼此相知相惜進而結成連理，相互承諾鍾愛一生。這是多不容易的事，還是多惜緣惜福吧！

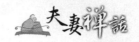

目 contents 錄

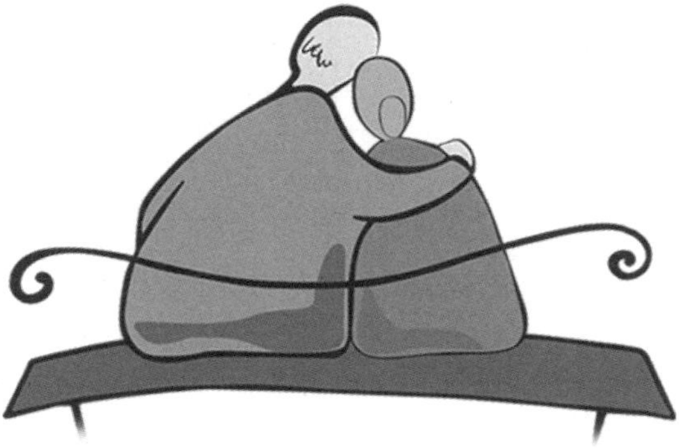

百年修得同船渡，千年修得共枕眠

目 contents 錄

夫妻禪話

在台北市某政府單位舉辦的「金婚夫妻重溫舊夢」的活動中，有一場座談會，會中邀請二位婚姻專家和數位結婚已五十年以上的老夫老妻參加，其間，座談時二位婚姻專家侃侃而談，婚姻的種種問題和夫妻的相處之道，闡述夫妻間的應變之道、夫妻生活是種藝術、婚姻諮詢……等等，口沫橫飛。

而那幾位結婚已五十年以上的老夫妻，卻個個默默地坐著不發表任何的意見，只是偶爾注視著身邊的老伴。

在禁不住主持人再三的邀請和鼓勵之下，有位結婚最久已有六十年的老太太在老先生的慫恿下開口說話了：

「在我們那個時代，科學還沒有現代這麼發達，也不知道要爭取自己什麼權利。只知道出嫁前，我媽媽曾告誡過我：『和』是最重要，『家和就萬事興』，凡事若閉一眼關一耳，萬事就散了了，就沒有口角爭吵的機會了。我想我們能結婚六十年而相安無事，靠的就僅是這些而已。」老太太說完靦腆的看了看老先生，結束了她對婚姻六十年的看法。

好一個「家和萬事興」，「閉一眼關一耳」，一語道破了夫妻相處之道，比起那婚姻專家的長篇大論實用的多了，息了風自然就吹不起萬尺浪，打不翻婚姻的幸福小船。

夫妻間最容易引起口角的事，就是日常生活無法細分對錯中的一些芝麻綠豆大的小事，一看不順眼，就起心動念的想出口糾正對方，萬一對方又不接受，間隙就此產生了，日積月累一旦爆發出來，小則口角，大則全本鐵公雞演出，最後終鬧得不可收拾離婚收場。

「閉一眼關一耳」不但可以免除這些問題發生的危險，而且可以減少一些相互的猜疑。「疑心生暗鬼」，疑心也常是夫妻間產生不愉快的主因。

先生偶然晚一點回家，太太接到一通自己不認識對方的電話，鄰居街坊的耳語，同事間的不當描述，朋友間的玩笑語，再再可以引發一些不必要的猜疑。

雖說「真正的愛情是經得起考驗」，但記住「真正的愛情，也絕不是建立在一再的猜疑上」，一點點風聲，一絲絲蛛絲馬跡，就試探、就大肆查究，如此任誰也受不了，也會起來為自己辯駁。這時毀壞的風就開始吹起了，浪有多高就完全得看風有多大了，一個不小心風吹過了頭浪打翻了船，就沉淪在不幸的大海了。所以說「閉一眼關一耳」就不會有這種無聊的危險事發生了。

況且，就算是親眼見到，親耳聽到，就一定值得相信嗎？我看也未必，以下有一則故事。供大家參考：

韓國國寶寺鏡虛禪師，出家前是位醫生，因有感生死瞬息無常事大而出家為僧，一面講經利生一面行醫濟世，所以門下追隨他的弟子很多。

有一天晚上，鏡虛禪師匆匆帶了一位女子回寺，閃過眾人耳目的將那女子帶入了自己的房間，而且回房後立刻關上房門，並交待弟子期間不准外人打擾。

而且一連幾天，除每天送飯的弟子送飯外，均不見其將房門打開，二人似乎在房內同食共居。弟子們深想，此事若為他人發現恐怕不好，於是自動在門外看守，遇有人找師父時，則以師父正在打坐或休息為由暫時阻止。

又過了二天，弟子們心想，再這樣下去也不是辦法，於是，鼓起勇氣推派一人找禪師理論。

一踏進師父房門，就看見一位長髮披肩的女子，衣冠不整的躺臥在師父的床上，滿腹的怒火油然生起，不禁大聲地對師父說：「師父，您這樣的行為，豈能為弟子們的表率。」

鏡虛禪師見弟子未先通報的就自行闖入，又出言無狀的大聲喊道，也不動怒氣地要弟子往前再看仔細，再看看那女子的臉部。

那弟子看了後，大吃一驚的退後了一步，張大了嘴巴半天說不出話來。原來那名女子是個末期的痲瘋病人，臉上的鼻子也塌了，嘴巴也歪了，還長滿了一粒粒有膿的小痘子。

禪師把她帶回來，正在用特殊的方法來醫治她的病，因她病得可怕，怕嚇到寺內的其他的人，才悄悄地避人耳目，將她帶到自己的房內才好專心的醫治她。

弟子見子，慚愧的跪在地上，對禪師懺悔的說：

「師父所做的，弟子們做不來，師父所能見的，弟子們也見不著。弟子們愚昧，竟不能了解師父的用心，忘自虛言，有愧師父平日之教晦，請師父責罰。」

「凡人行事必定有其道理，只是說與不說的差別而已。妄自下斷言作定論，雖是人之常情，但此舉傷人誤己豈能不謹慎。」禪師說。

愛、別離

「無常」就是世間的真實，一切都好像空中的浮雲，水上的泡影，鏡裡的空花，水中的明月。世間既是無常的，國土是危脆的當然不用再說。國土不安曰「危」，不實曰「脆」，別項不說，就拿臺灣及日本的地震來說，每一次大地震，財產的損失，生命的死亡，都難以數計，像這樣不就是危脆嗎？然而，生命呢？

報上登載一則新聞：一名男子在旅社將他女友的頭砍斷，並挖出五臟；原本這對男女在談戀愛時，是多麼的柔情蜜意、卿卿我我，但卻因彼此的衝突，而造成如此悲慘的結果！這不正應驗了古人所說的「愛之欲其生，恨之欲其死」之教訓嗎？

這名男子在殺害女友時，為何沒有考慮到犯下此滔天大罪，將來必須承受多麼可怕的果報呀！眾生往往因一時的衝動或積壓的情緒，一顆心被惡念迷惑住了，絲毫未曾想到，其後果是什麼！

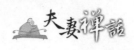

「業」是一種來自累積的妄想和念頭。

念頭與感情的作用有密切的關係，感情雖不是壞東西，但是一般眾生的感情，大都只針對自己的父母、子女、丈夫、兄弟姐妹和朋友等，對他人就很難流露出真情。

感情得到昇華，就是愛；愛的昇華，就是博愛；再加以昇華，就是慈悲；而慈悲的最高境界，就是大慈大悲，所謂：「無緣大慈，同體大悲。」

另一方面，感情若受到過分的發展就容易形成慾望，如偏重於肉體的佔有，到頭來就將會演變成自私而束縛的牢籠。

因此，我們要學習如何昇華自己的感情，不讓它過度畸形的發展，從實踐佛法的佈施、持戒、忍辱、精進、禪定、般若（菩薩六度）中，轉化與提升自己感情的層次，使感性與理性得到平衡與協調，突破感情的樊籠，成為一個覺悟的人。

戀愛不是慈善事業，不能隨便施捨的。感情是沒有公式，沒有原則，沒有道理可循的。可是為什麼人們至死都還在執著與追求。

一個哲學家，晚飯後去郊外散步，遇見一個人在那兒傷心哭泣，哲學家問他因何如此傷心，那人回答：「失戀了。」

哲學家聞聽連連撫掌大笑道：「糊塗啊糊塗。」

失戀者停住哭，氣憤地質問：「有學問就可以如此嘲笑愚弄別人嗎？」

哲學家搖頭道，「非我取笑你，實是你自己取笑自己啊。」

見失戀者不解，哲學家接著解釋說：「你如此傷心，可見你心中還是有愛的；既然你心中有愛，那對方就必定無愛，不然你們又何必分手？而愛在你這邊，你並沒有失去愛，只不過失去一個不愛你的人，這又有何傷心呢？我看你還是回家去睡覺吧，該哭的應是那個人，她不僅失去了你，還失去了心中的愛，多可悲啊。」

失戀人聽完破涕為笑，恨自己對這淺顯的道理怎麼沒看透，向哲學家鞠了一個躬，轉身離去。

是啊，人生本來就不易，聚散都是福！給她個微笑吧！把悲傷留給自己，有時候執著是一種重負或一種傷害，放棄卻是一種美麗。生命不能計算，越算越短；等待無法丈量，愈量愈長。企盼有時很難變成現實，過分的執著從某種意義上說，無疑是一種沉重的負擔，甚至是一種傷害——一種對自己的傷害。人如此，情亦如此。

所以人生需要放棄。正如樹木為了長高就必須剪掉多餘的枝椏；花朵為了結果，就必須放棄自己美麗的容顏。

放棄了不可能實現的夢想，才能走一條真正屬於自己的路來；放棄了不可能有結果的愛情，才能擷取真正屬於自己的那朵玫瑰。

生活中，許多人不懂得放棄。須知，生命如同工匠手中的璞玉，不善於取捨，焉成精品？既然道路是變的，就要不斷地放棄原來的方向；既然有絕壁和死胡同，就不可能執著。

不會轉彎和回頭的人，在曲折坎坷的人生旅途中要麼失控，要麼停滯，要麼悲壯。放棄是理智的選擇。只有自覺撤退，才能更好地組織。

歌德失戀後創作了《少年維特之煩惱》，貝多芬失戀後創作了《獻給愛麗絲》，恩格斯失戀後隻身遊歷了整個歐洲，羅曼·羅蘭失戀後更有氣度，與自己已作他人婦的心愛戀人作了三十年的好友，自己則終身未娶，但可以想知他的內心一定是淒苦無比的吧。是非天注定，緣分莫強求。既然上天注定要讓我們短暫地牽手，然後擦肩而過，然後各奔東西，然後老死不聞，然後如醒如醉，如幻如真，然後……讓自己冷靜地接受這一切，雖然這要時間。愛過，就不應該再恨。

有人說，得不到的東西才是最好的，其實未必，東西好不好取決於本身，與得不得到有什麼關係呢？不好的東西，我們為什麼要想去得到呢？所以得到的東西，我們才要更加珍惜，因為它才是最美好的。有一首詩說得好：「人能無著便無愁，萬境相侵一笑休。豈但中秋堪宴賞，涼天佳月即中秋。」

人在旅途，注定遇到一些這樣或那樣的磨難和誘惑，倘若陷進去，就難免為之苦惱。只要把握「看破、放下、自在」這一禪理，那麼，我們就能心無掛礙，就能體會到日日是好日，處處皆月圓。

月亮總是圓的，真的！我們不能被外在假相所迷惑；開悟的人生總是圓滿的，無論它有時候看上去是多麼支離破碎。世事和人情都是暫時的，如過眼雲煙，而真如和自在才是永恆的，如涼天佳月。身處紅塵鬧市，能寫出「鳴琴幽谷裡，洗缽古松間」這樣嫺靜的詩句，可謂「結廬在人境，而無車馬喧」。這是高士的自在與瀟灑。「終日吃飯不著一粒米」，這是禪師的瀟灑，也是居士的自在與瀟灑。《紅樓夢》中的惜春姑娘，「看破三春不長久」，堅定地遁入空門，「獨臥青燈古佛旁」，是這位侯門秀女的自在與瀟灑。其實，惜春沒能出家，在家修行，出污泥而不染，更顯得難能可貴。相反，那位進入廟觀當了道姑的妙玉，由於心不清淨，招來邪魔，以致身陷泥沼，落得個不自在不瀟灑的地步。

「有情來下種，因地果還生。」今生的一切緣自前世的業力，無須抱怨別人，無須詛咒環境，該來的擋也擋不住，該去的留也留不下，就以平靜的心態坦然面對一切，化解一切。空中一個月亮，水中一個月亮，哪個是真？哪個是幻？

曾經山盟海誓的伴侶，如今投進了別人的懷抱。杜鵑何苦啼血？世事如斯，春來春去；人情如紙，雲散雲聚。佛垂下甘露之手，撫平心頭的創傷，抛開貪愛染著、嗔癡、煩惱，而以無邊的慈憫面對這世上的大千生靈。

人生不過如此！欠命的，命已還；欠淚的，淚已幹。好一似食盡鳥投林，落了片白茫茫大地真乾淨。

何去何從？偈曰：「無情既無種，無性亦無生。」

「人能無著便無愁」，這是一道真理的慧光！它給憂鬱的人打開心頭的千千情結，它給迷途的人照亮前進的方向。

愛的反面不是恨而是遺忘。

成住壞滅乃自然之事

一休禪師從小就很聰明機智，他的師父有一件很心愛的寶貝茶杯，平時他都捨不得用，深怕一個不小心打碎這個茶杯。

有一天，一休在打掃師父房間時，不小心打破這只茶杯，內心正想著怎麼辦才好時，突然聽到了師父的腳步聲，他急忙把打破的茶杯收起來放在口袋裡。

當師父進門時，他假意的哭著對師父說：「師父，人為什麼一定會死呢？」

師父見一休哭的如此傷心的問自己這個問題，就好言安慰一休說：「凡一切萬物皆有生死，成、住、壞、滅這是很自然的事，沒什麼值得傷心難過。」

這時，一休拿出了那只茶杯的碎片對著師父說：「師父，您的茶杯剛剛死期到了，您可別傷心啊！」

師父只好無語。

小說家說故事

有一位著名的小說家，他所寫的愛情小說，不知引動過多少的青年男女的心靈；他所寫的倫理親情小說，更是賺了不知多少人的熱淚激腸，尤其他所描寫的戰爭場面，使讀者身臨現場，熱血奔騰。

一天，這位小說家遇到了一位禪宗大家，兩人間相談甚為融洽，小說家不斷地向禪師請益有關禪學的宗法，而禪師也謙虛地言無不盡的告之。

禪師突然對小說家說：「據我所知，你已是我國少數最優秀的小說家之一，透過你的構思，經過你筆的表達，可以任意的令讀者或高興或悲傷，現在，可不可以麻煩你也為我說一個故事：桃太郎。」

禪師語意深重的繼續說：「這是我還很小時，我媽媽常在我臨睡時講的故事，而我每每在她說到一半的時候就睡著了。請你也為我說這個故事吧！就像我媽媽說的一樣。」

面對禪師突然的要求，小說家不敢冒然答應，因為他需要時間去構思、去下功夫，雖然桃太郎的故事，是每一個人從小都幾乎聽過的故事。

過了三個月後，小說家信心滿滿地對禪師說：「現在讓我來試試說故事吧！」

「改天再說吧！」禪師沒有給他試的機會。

小說家心裡有點失望。於是他對故事又做了一番補充和準備，而後又再度嘗試，可是一連數次都被禪師制止了。每當他剛講起故事的開頭沒幾句，禪師就止住他：「還沒有達到像我媽媽講的境界。」

如此，往往返返，講了又停，停了又重新開始，前前後後一共花了五年的時間，才得到禪師的認可。

五年間小說家不知花了多少心血研究故事的內容，構思講述的順序，想像媽媽的語氣與一個孩童聽這故事的心態，如同「參話頭」般的反覆推敲，甚至在夢裡，口中還喃喃的講這故事。他花了整整的五年時間，他滿意了禪師「像我媽媽講的一樣」的要求，當然也了解了禪師故事裡所謂的「禪」。更了解了人生正面意義中，處處充塞，無所不在的「禪」。

「禪」未必是最好的，但「禪」是實在而用心的。

蠟燭之光

從前的人不像科學發達的現代，出門時有手電筒可以照明夜路，或有公共路燈可以使用，出門時完全得靠紙糊的燈籠點上蠟燭照路。

有一次一位盲人，在拜訪了他的朋友準備告辭時，發現天色已暗，他的朋友就拿了一個燈籠交給他，好讓他可以照路回家。

他笑說：「我不需要燈籠的，因為天黑、天亮對我盲眼的人，都是一樣的。」

「我知道你用不著燈籠，」他的朋友說：「可是你如果不帶燈籠的話，別人或許就會撞上你。所以你最好還是帶著燈籠吧！」

這位盲者帶著朋友的燈籠走了，可是走了才沒多遠，就被一位來人給撞個正著。「你瞎了眼睛了！」他對來人大聲吼著。「難道你沒看到我手中的燈籠嗎？」

那人看了看盲人手中的燈籠對他說：「老兄，你的燈籠蠟燭早就被風吹熄了。」

還是執著

一位農夫請法師來家裡舉辦法事，超渡他那死去不久的妻子。法事做完後，農夫問法師說：「師父，你認為我太太可以從這次的超渡法事中，獲得利益，往生西方極樂世界嗎？」

「當然可以，這次的頌經法事，不止你的太太可以從中得到利益，連所有的一切眾生都可以從中得到利益。」法師回答。

「你說一切的眾生都可以得到利益，」農夫問道：「可是我的太太很嬌小也很柔弱，其他的眾生也許會看她好欺負，把她的功德搶去，可不可以麻煩法師，單獨為她一人頌經就好。」

法師向他解釋著：佛教徒不應心存執著，應該平等看待每一位眾生，讓每一位眾生都能共沾法喜。

「這樣說，當然很好，我也沒有別的意見，」農夫聽了法師的話，說道：「可不可以麻煩法師破一個例，我隔壁的鄰居王小朋，他平時對我總是粗魯刻薄，只要把他排除在一切眾生之外就好了。」

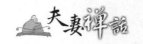

實語之聲

盤珪大師圓寂後不久，住在寺院附近的盲人鄰居對他人朋友說道：

「因為我是一個天生的盲者，所以我從不曾看過人們的面孔，所以我分不清人的美與醜，但是我可以從一個人的聲音、語氣中判斷出那的性格和個性。」

「通常，我不但可以從一個人對另一個人的祝福聲，聽出他內心的嫉妒和不滿，也可從他對不幸者或失敗者所發出的安慰聲中，探出他內心的得意與慶幸自己。」

「可是，」他繼續說：「在我所有的體會中，盤珪大師對人的說話，始終都是真實無偽的。每當他向人宣告快慰之事時，我感覺到的只是快慰的聲息，而當他向人一吐愁腸時，所聽到的，也只是愁苦之音而已。」

大著肚皮容物
立定腳跟做人

妙勝

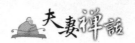

不二法門

慧敏大師是一位文學造詣相當好的禪師，有一次，鄰近鄉城裡有一座寺廟新落成，因久仰大師書法精湛之美名，特地派人向禪師求字，以便刻成木匾，常存寺中供後人欣賞。

「我就寫個『不二法門』四個字送給貴寺好了！」慧敏大師乾脆的答應了，並告訴他們三天後來拿。

「這幅寫得好不好？」禪師問身旁的弟子說。

「這裡，好像有一點怪怪的，不太好」弟子坦率的說。

「這一副呢？」禪師又寫了第二幅，問弟子說。

「不好，比前一副更不顯力道。」弟子回答。

「那這一副呢？」禪師又寫了第三副，繼續問道。

「這一副最差了，比前面二副寫得都要差。」弟子不留情面的批評著。「應該在這彎的地方，停一下，再用力的重筆下去。」

慧敏耐著性子，一連寫了百來副「不二法門」，仍就得不到身旁弟子的讚賞，內心裡有些感到急燥。

「師父，我看您休息一下吧！我去幫您砌壺茶，喝口茶，潤潤喉嚨，待會兒一定就可以寫出個絕佳的『不二法門』來。」弟子說著就走向廚房砌茶去了。

「這下我可避開他那銳利的眼神了。」禪師心裡想著。

在內心無羈無絆的放鬆心情下，自自然然地，不過在砌盞茶的時間，自由自在的揮洒出「不二法門」四個大字，渾然天成，無懈可擊。

他的弟子砌了茶，回來看後，直呼：「師父，真是神品，難得一見啊！」

「好一個『不二法門』。真是慚愧，慚愧！」禪師自己內心裡暗暗想著。

醋丐桃水

桃水是日本一位拋棄寺院的形式主義，而與乞丐住在橋下苦修的一位禪師，他的一生充滿了傳奇。皇家多次派人邀請他入住大寺，皆一次次地被他拒絕了，情願一個人住在橋下與乞兒們為伍，過著苦行清修的日子。

晚年時，他的朋友見他日漸衰老，體力漸漸不支。便教了他一種不用行乞的謀生之道——以飯來做醋。而他即以此道生存於世，直到圓寂。

有一天他的一位乞丐朋友，乞得一張佛像送給了他。他就將這張佛像掛在牆上，並在佛像旁邊貼了一張紙箋，紙箋上寫著：

阿彌陀佛先生座下：

此室頗窄甚為不便，祇得將您安於此處，您可暫當過客任意居住，但千萬勿以為我收留安置您，是希望求助您讓我來世於您的極樂之國。

醋乞　桃水

不識頭銜

翰林大學士蘇東坡，早年即對佛學有高度的興趣，而且他自己本身對佛學也已有相當的造詣。公暇之餘時常參訪名山與大師切磋佛法。其中與佛印禪師間往來最為頻繁。

一日，蘇東坡因有事公幹到佛印禪師寺廟附近，便想順道找佛印禪師聊聊，便著官服在侍從們的陪同下，到了佛印所住持的寺廟。

既然不是私下拜訪，當然一切都得照著規矩行事，蘇東坡經由知客僧遞上名片通報佛印方丈。佛印見知客遞來的名片上寫：「翰林大學士，蘇東坡」。即告訴知客說：「此人我不認識，請告之下回再來。」

知客將情形如實回報蘇東坡。東坡這才恍然大悟，將名片上「翰林大學士」的頭銜用筆劃去，並再次請知客代為相報。佛印看了劃去頭銜的名片，急忙起身快步衝到寺外迎接，並親自泡茶待客，並說：「原來是老友遠道來訪，怠慢了！」

金佛聖光

在一個荒郊野地的小山邊，有一座小小的寺廟，寺廟內住著一對過著清苦生活的修行禪師，這一對師徒白天勞作耕地，夜晚則頌經禪坐。不向外攀緣地過著屬於他們自由自在的禪修生活。物資條件雖不寬裕，但禪修的法喜充塞了他們的內心。

一年的冬天，天空下起了一場大雪，就像為大地鋪上一層白紗般。北風呼呼地吹嘯夾雜雪花，正是一遍隆冬的景象。早晨，禪師起床後信步走到庭院，見樹枝上垂掛著一枝枝的冰柱晶瑩剔透，在冬陽的照射下發出紅、橙、黃、綠……等十色的光芒，就像東方樂園——光世界一樣，亮麗而祥和。

就在禪師贊嘆著佛法無邊宇宙奧妙的同時，冷峻的空氣中突然傳來門外的敲門聲，「咦！在這風雪紛飛的大清早，是誰在敲門？」禪師心裡想著，一面向門走去。

「誰呀？」禪師問。

「大師，可憐，可憐我，開門呀！」門外應聲著。

「快，快進裡面說話。」禪師招呼著那人。

「大師，請您大發慈悲，救救我們全家吧！我們家已經三天沒有開伙了，全家就快餓死了，請大師慈悲施捨一些糧食給我吧！」那人一進門就跪在地上說著。

「快請起，有事好商量。」禪師一面扶起他，一面心裡想著有什麼可以送給他，好讓他能度過這個難關呢？

一個清修苦行禪者，能有什麼值錢的好東西送給他呢？環顧室內，四壁蕭然，除了桌椅、木魚、引磬外，沒有任何任何多餘的東西。哦，對了！金佛。禪師想到了他師父在臨終前所傳下的「金佛」。

他叫弟子卸下了金佛身後的聖光，交給了那個人說：「這『聖光』是由純金所打造的，你拿去吧！變賣成錢可以買些糧食度過這個冬天。」

那人千謝萬謝的收下「聖光」走了。站在身旁的弟子，看了看沒有了聖光的金佛，嘆了口氣說：「好端端的一座莊嚴金佛像，沒有了聖光，看起來還真是有點怪怪的。」

禪師對弟子語重心長的說：「若是佛陀當場看到眾生受苦受難的情形，不要說只是曲曲的身後聖光，就算是斷臂折腿，只要能對眾生有所幫助，佛陀也會全力以赴的。」

竹籠的傳承

從前有一對年輕夫妻，他們與年邁的公公住在一起，生活雖然過得並不富裕，但在夫妻倆細心的經營下生活也還過得下去。

漸漸地，他們倆有了第一個小孩，於是他們就必須更加的努力工作；上山的上山，種田的種田，老人則留在家裡看顧孩子，如此各自分工，生活雖略顯拮据但還是可以過日子。

過了幾年，田裡、山上在夫妻倆苦心的經營下收成已經年有增加了，他們的第二個孩子也出世了。老人因年紀愈來愈大，已經沒有體力再替他們看顧二個孩子了，於是兩夫妻就必須有一個人，田裡家裡的兩頭照顧了，加上老人年紀大了，茶水飲食等又需要有人照顧，此時生活雖不是問題，但照顧老人與孩子卻成了夫妻間常爭吵的話題。

一日，夫妻兩厭煩了對老人的照顧，決議將老人送到山上的小木屋，讓他自己照顧自己，自生自滅。於是他們把老人放在竹籠內準備背上山去，出門前剛好小孩子在門前遊玩，見爸爸用竹籠背著爺爺，就好奇地問爸爸。

爸爸就將要把老人背上山上的小木屋的事說了一遍後，起身就要走出門。

「爸爸！記得要把竹籠帶回來喲！」耳後突然傳來小孩稚幼的童音。

「等到以後爸爸年紀老了的時候，我也要把爸爸送到山上的小木屋，如果爸爸能把竹籠再帶回來的話，到時候我就不用再做一個竹籠了呀！」小孩天真的回答。

聽了小孩天真無邪的回答後，他覺得很慚愧，趕緊又將老人送回了房間。從此，不管山上、田裡工作有多麼地忙，他也一定要先照顧好了老人的飲食起居後，才敢去忙自己的活。

佛祖的智慧——三皈依

有一個比丘（即出家和尚）廟裡常遭小偷光顧，一天他關好窗戶正準備要休息，忽然聽到窗外有聲響，他知道是那竊賊又來了，就假意用害怕的口吻說：「我知道是你又來偷東西了，你千萬不要傷害我，只要你把兩隻手伸進窗戶，我就把東西拿給你。」

竊賊以為那比丘說得是真的，就乖乖的如比丘說的：把兩隻手伸進窗戶來。比丘見手一伸進，趕緊用繩子將竊賊的手綁住，並拖進屋子綁在柱子上。隨後便拿起木棒打竊賊。

打第一下後，比丘唸道：「皈依佛！」竊賊因心裡害怕，便也跟著唸：「皈依佛！」，打第二下時，比丘唸：「皈依法！」竊賊也跟著唸：「皈依法！」，打第三下時，比丘再唸：「皈依僧！」竊賊怕自己會被打死，便緊跟著唸：「皈依僧！」但心裡在想：「這和尚到底還有多少個皈依啊！再這麼個皈依下去，我不被活活打死才怪！」

比丘打了三下後，便沒有再繼續打下去，就把竊賊給放了，由於這三下比丘打得相當重，竊賊回家後休養了好一段日子，才養好傷痛。之後卻請求出家。

有人問他說：「你以前遊手好閒，專幹壞勾當。怎樣會好端端地，突然想要出家呢？到底是什麼緣故？你倒也說出來聽聽。」

竊賊便回答說：「其實我也是經過仔細觀察和考慮過後，才決定出家的。因為佛祖釋迦牟尼實在是太有智慧了。我被一個比丘用木棒打了三下，雖然很痛而且還讓我在床上躺了一段時間，但還是留下我的命來。當初佛祖要不是教弟子「三皈依」，而是「四皈依」或者是更多的皈依話，我這條命肯定會被活活打死。這麼有智慧、有遠見的教主，我不跟隨祂，還跟隨誰？所以，我決定要出家。」

這則故事，有趣使人絕倒。比丘與賊，各有個性，躍然紙上。

比丘常被盜，當然生氣；智擒盜賊，邊打邊念「三皈依」，不失佛門弟子本色。賊貪得無厭，卻又愚蠢，束手被縛，邊挨打邊跟著念「三皈依」，卻是稀里糊塗，痛定思痛，若佛家多些「皈依」，豈不被打死，於是決心出家，自有其一番道理。

賊說的話，反映的就是他要求出家的理由：如果佛陀當初多教弟子一些「皈依」，我便要多挨打，也就可能就此而被打死，現在到哪裡去「皈依」？他自稱是個粗人，但尚能悟解一些粗事，正因為這樣，他才選擇了出家。

以幻為實的倒影人生

從前有位漂亮的富家媳婦，有一天因為一些小事和丈夫吵架，便賭氣走入林中，想以自殺來了結自己的性命，可是她在林中徘徊了很久又下不了決心，想回家，又怕面子上掛不住，於是她就躲在一棵樹上，暫以此為藏身之處。樹下剛好有一池塘，她的身影便倒映在池塘的水中。

這時走來一位年輕的婢女，肩挑著水桶準備來挑水，突然看見水中富家媳婦的倒影，以為就是自己，便自言自語說道：「原來我長得這麼美麗漂亮，幹嘛還叫我做這種挑水的粗重活呢？」說完就打破水桶，回到主人的家中。

回到家後就對著大家說：「我現在長得這樣端莊美麗，我再也不要做這挑水的粗重工作了。」大家聽了她的話，紛紛的議論著：「這婢女莫非是給鬼魅迷住了，大白天的胡言亂語，剛剛出去時還好好的，奇怪了！」

大家也就不再理睬她，又交個水桶給她要她再去挑水。婢女見大家一付把她當神經病的樣子，只好又提著水桶重新來到池塘邊。心裡愈想愈氣，就氣得又把水桶打破了。

這時躲在樹上目睹一切的富家媳婦，見婢女如此的反應忍不住笑了，婢女見水中的倒影笑了，再抬頭看見樹上的富家媳婦，心中頓時有所領悟了。

小心慎獨

在迦略凡國的一個美麗又富足的村莊中，住著一位很有修養的隱士，在隱士的住家不遠處有個很大的蓮花池，蓮花池中開滿了各種顏色的蓮花，令人見到時心曠神怡。

在一個炎炎夏日的午後，隱士修習了整個上午，覺得有點腰酸背痛，便起身離座，信步的走出自家來到蓮花池畔散步，蓮花嬌嫩粉艷，婷婷玉立，徐風吹來陣陣花香撲鼻，隱士情不自禁地捧起了一朵蓮花，貪婪地吸了一口花香，頓時覺得神清氣爽，精神百倍。

這時恰巧一位女神正在巡視，發現隱士正捧著蓮花貪婪的聞著香氣，便化成一個婆羅門的模樣來到他的面前，訓斥隱士說：「這蓮花明明不是你的，你卻來此地偷聞花香，雖然只是竊得香氣，但此行為卻與一般竊賊無異。」

隱士聽了婆羅門的話，心裡頗覺得不以為然，就反駁他說：「我又不偷不摘，只是聞聞花香罷了！這樣就把我當做竊賊看待，未免話也說得太重了點吧！」

就在他們倆爭論的同時，有個人背了個竹籮筐，划著小船在池中摘著蓮子和蓮藕。隱士就手指著那個人，對婆羅門說：「我不過是站在這裡嗅嗅花香，你就斥責我是竊賊，那個人在那兒採蓮子、蓮藕，你幹嘛不去說他呢？」

婆羅門聽了隱士的話，深深地嘆了一口氣，解釋著自己為什麼不去斥責那個人的原因：「那種人是野蠻的村夫俗人，就像菜園的破籬笆似的，我講你是為你好，而那個人卻不值得我如此的多事費口舌。」

隱士聽了這番話心中若有所悟。婆羅門看了看蓮花池中的人，又說：「一個品格高尚的人，應該永遠守著自身的清白，尤其是當只有一個人在的時候，更是要小心慎獨，不可放縱心念滿足私欲；怎麼可以用一般人的標準來寬恕自己。」

隱士聽了婆羅門的解釋終於恍然大悟，領會了婆羅門的苦心，感激地說：「感謝您的指教，指正了我的過失讓我不再繼續錯下去。希望您能憐憫我，繼續再給我教導。」

婆羅門見那隱士的徹悟，就做了一首偈語：

「吾非爾侍從，無法常左右，認清大道路，惟靠爾自守。」說完了這首偈，婆羅門化為女神又往他地巡視，隱士依靠著這首偈，從此小心慎獨，嚴守戒律，不久也修得了果位。

八十老翁行不得

白居易是唐朝偉大的詩人之一，早年即奉行佛法，他出任杭州刺史之時，在公務繁忙之餘，仍不忘會見當代得道高僧。當他得知鳥巢和尚精通佛理，便迫不及待地前去拜問參訪。

白居易來到鳥巢和尚禪修之處，見他息止於一棵盤屈如蓋的巨松之上，不禁好奇問禪師：「禪師居於巨松之上，隨風搖動，豈不危險？」

鳥巢和尚卻反說：「太守的處境比我更危險呢！」

白居易不明白禪師的話意，便問：「我身為一個地方行政首長，有何危險可言呢？」

禪師進一步指點他說：「薪火相交，識浪不止——難道還不夠危險嗎？」白居易聽了覺得很有道理，不住點頭稱是。

兩人此次相會，參禪問法，聊得十分愉快，白居易深覺此次能得以會見禪師，自己本身獲益不淺。臨分別時，又問：「何謂佛法大意？望大師指點。」

鳥巢禪師說：「諸惡莫做，眾善奉行」。

白居易原本以為禪師會說些什麼樣的大道理，沒有想到禪師竟只用個這個簡單的話語，來解釋「何謂佛法大意」，心中不免有些失望，就回答：「這麼簡單的道理，連三歲的小娃兒也懂啊！」

禪師嚴肅的說：「三歲的小娃兒雖然也知道，但，八十歲的老翁也未必能做得到啊！」白居易聞此言亦有所感悟，恭敬作禮告別。

祝禱詞

一位有錢的大富翁在自己的華廈大屋落成的時候，邀請慧澤禪師前往他家，希望禪師能為自己的家族寫一些祝禱的話，以做家中的傳家之寶，讓世世代代的子孫流傳下去。

慧澤禪師向富翁拿了一張好大的紙，便提筆寫著：「父死，子死，孫死。」寫完後，停了筆，看看身旁滿身銅臭的富翁。

那富翁滿心以為禪師會為他寫些什麼樣好聽的祝禱語，結果，禪師竟寫下了這六個大字，白白地浪費了一張大好的紙不說，還觸自己霉頭。

富翁強忍住心中的不滿，對禪師說：「大師，您這不是開我玩笑嘛！」

禪師解釋說：「施主，我怎麼會是開您的玩笑呢？您請我來，不就是要我替您新落成的房子寫幾句祝禱的話嗎？」

富翁連忙說：「是呀！是呀！可是您……寫了這幾個字，實在是……。」

禪師解釋說：「『父死，子死，孫死』難道不是一句好話嗎？您想想看！哪一棟房子百年中不會有死人的，如果能按照父親最老的先死，然後兒子再死，最後再輪到最年輕的孫子死，這就叫享盡天年，這樣不是很好？難道您希望有白髮人送黑髮人的悲劇情形發生嗎？」

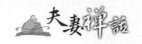

一切皆空

一位禪僧在外行腳參禪多年，拜會過許多大師，自以為有所悟境，便到了五台山法龍寺見法慧和尚。

為了表示他的悟境，他頗為得意的對法慧和尚發表了自己的心得說：「心、佛、以及眾生，三者皆空。凡萬物所體現出的現象其本性實體皆是空。無色、無相、無執、無迷、無凡、無聖、無施、無受。」

法慧和尚聽完了他的話，突然舉起拂塵用力地向那禪僧的頭打去，打得那位禪僧莫名其妙，火冒三丈，一肚子火正待發作。

這時，法慧和尚開口說道：「咦！不是一切皆空嗎？那兒來這麼大的脾氣？」

無事時戒一偷字

有事時戒一亂字

曉晴

奇怪的黑鼻子

從前有一個富翁用黃金打造一尊佛像，並以此為自傲，到處向他人誇獎自己有多麼的發心，花了這麼的錢造金佛像一定功德無量。

為了能向人們四處誇耀，所以他為了這佛像造了一個佛龕，使這佛像能方便背在身上。

而且他還買了最好、最名貴的香來供佛，但他只想自己的佛像獨佔這香氣，所以他又找人設計了一個漏斗狀的金煙囪，每逢他焚香供佛時，便把那金煙囪裝上，如此他焚的香就不會澤及他人了。

結果，時間一長，他燃點的香燻黑了佛像的鼻子，使得莊嚴的金佛像有了一個奇怪的黑鼻子。

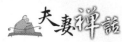

禁語習坐

從前有四個學僧一起學習禪坐，由於四個人相互之間的感情相當要好，所以就相互約定以「禁語」來做為大家共同遵守的戒律，以免因講話的聲音影響了彼此的「精進」。

他們約定：禁語七天。

頭一天的白天，由於大家都極力遵守禁語的規定，每個人都是安靜地的沉默未發一語，所以習坐禪定的效果也非常好。

但到了晚上的時候，天色已經完全的暗了下來，在禪房之中更是伸手不見五指，由於大家約定「禁語」，所以儘管大家都知道天黑了，是該點燈的時候了，可是仍然沒有一個人發出聲音，要求點燈。

時間過了很久，這時突然在安靜的禪房裡，響起了類似是老鼠偷吃燈油的聲音，這時一個人忍不住脫口而出：「好像有老鼠耶！」

另一個聽到那人說話時，以極高興的聲音說：「哈！哈！你先說話了。」

「你們兩個笨蛋！不是約好不能說話的嗎？」又另一個學僧說。

「哈哈！你們都說話了，只有我一個人沒說。」第四個學僧以好像得了什麼大獎似的語音興奮的說著。

堅持同工同食

盤珪禪師老年的時候，因為過去年輕時的刻苦習禪，所以在冬天的時候常有咳嗽和手腳冰冷的毛病。

常住寺院中的一位飯頭（當管廚房事務的和尚），為了照顧禪師的健康，就一反過去的伙食，重新為禪師料理了一些香菇、冬筍等較為名貴的菜。

盤珪禪師發現了今天的菜，為何和其他的禪僧不一樣，就連忙派人找來飯頭和尚——啟思，問他說：「為什麼今天我用的菜和別人的不同呢？」

啟思答：「由於禪師的年事已高而且健康的情形也不甚理想，為了健康著想所以特地安排了一些不同的菜色，希望禪師能喜歡。」

「你的意思是：我已經老了，不能再像以前一樣吃苦啦！」說罷，飯也不吃地立即返身回方丈室。

啟思一直待在方丈室外，請求禪師的原諒。但盤珪禪師就是一直不理不睬。

第二天，啟思仍跪在方丈室外，旁邊也圍跪著一些弟子。希望禪師能以身體為重，不要餓壞了自己。

一直到第三天，仍不見盤珪禪師從屋內出來，弟子們飢腸漉漉地跪在門外，這時，一位信徒大聲叫道：「禪師！你老人家德行深厚，不吃或許沒有關係，但，這些年輕的學僧們可是會受不了的。」

這時，才見盤珪禪師開了方丈室的門，走了出來，微笑的向大家說：「我堅持和弟子們吃一樣的食物。等你們日後為了師時，也希望你們不要忘了今天的事。」

自由的代價——鬆懈

從前有一個年青人生性懶散不喜歡被人拘管，可是他又偏偏生長在一個教師的家庭裡，整天對他那個教書父親的約束這、約束那的覺得很不自由；吃飯、穿衣、走路都得照其父親所謂的禮教行事，深感痛惡。

有一天，他實在忍受不住了，於是他背起了簡單的行囊，自己一個人偷偷的離家出走了，希望能藉此得到自己心裡那份渴望得到的「自由」。

他在外遊蕩了幾天，心理想了半天覺得，還是乾脆當個出家和尚吧！出家人最自由了，又沒有家庭的負擔，也沒有生活上的困難，這樣子最自由自在不過了！

於是他找了家大寺院，出家做和尚去了。

原本他以為做和尚是無拘無束的生活才對，沒想到當了和尚還是有做不完的事，遵守不完的規定：唸經、打坐、早課、晚課，出坡，吃飯……等，樣樣都得合宜，樣樣都不得逾矩，如此三年下來，他又覺得不能適應了。

他又想：住寺和尚有那麼多的規定要遵守，團體生活又事事必須遷就他人。不如當個行腳遊方的僧人算了！如此，自己一個人，想遊山玩水就遊山玩水，想住寺安居就住寺安居，多麼自由自在啊！

主意打定後，就立即整理好行裝，向寺院住持告了假後，就開始了自己的行腳遊方生活了。

剛開始沒錯，遊方僧人的生活的確愉快多了，自由自在無拘無束，想去那，就去那，餓了托缽乞食，累了就隨處而眠，或林間打坐或山間徜徉，興之所至為所欲為。

但這種遇山吃山，遇寺掛單的生活，沒多久他就發現了一個問題：每逢掛單寺院或途中遇到同修，大家一起結伴同行時，他發現，剛開始的前幾天時，人家都很客氣、尊重他，當別人發現他並不屬於那一所寺院或叢林時，臉上的表情和態度就慢慢不同了，不再願意與他同行，也不願和他一起討論佛法。

剛開始他尚不覺得奇怪，後來才慢慢覺得有點可疑，可是他也一直搞不清楚，為什麼會這樣，同修們的態度為什麼會變了。是自己的態度儀表不好？還是因為自己的佛學基礎太差？雖然心中有著許多疑問，可是他也從不曾去細想到底是為什麼？只是任其疑團放在心中。

有一次，他又隨興的到了山中。餓了就採些果子充饑，睏了就在樹下隨地而眠，日子過的好不愜意。這時突然下了大暴雨，大雨連續多時引起了山洪暴發，由於山洪的來勢洶洶，一時間波濤滾滾，那位年輕僧人因走避不及也被山洪衝走，幸好那年輕僧人趁機抱了塊大木頭，才能倖免於被山洪淹死的危險，如此浮浮載載的漂了不知道多久，終於停了下來，而那年輕僧人也因長期的水中漂浮，體力不支而昏了過去。

不知過了多久等到他醒來時，發現他正躺在一座大寺院的旁邊。只見那座寺院的僧人，每個人分工合作的：挑水的挑水、煮飯的煮飯、搬柴火的搬柴火，一個個的全在為此次山洪暴發所造成的災民們服務，每個人皆揮汗如雨似地，以最快的速度活動著。雖忙碌而不顯紊亂。

再仔細一看，這寺廟原來就是自己原出家的寺院。

這時這年輕僧人終於恍然大悟了。原來一座寺院的寺規愈嚴格，所守的戒律愈嚴謹，代表著寺院的僧人，成就將愈高，其品格愈高尚，當然，愈受到其他人的敬重。

這也就是為什麼自己老得不到同修們認同的原因。

「不經一番寒風雪，哪得梅花撲鼻香。」

得意忘形終將招禍

有一頭大公牛，每天都利用晚上的時候，到莊稼地上去偷吃草糧，天亮以前就回到自己的牛欄內，所以誰也沒有發現這頭大公牛偷吃莊稼的事。

有一天，他的一個親戚——大毛驢，來到大公牛的牛欄，對它說：「大舅，你為什麼可以長得如此壯碩？我好像也不曾看過你出門去找草吃啊！」

公牛說：「傻外甥，現在正是秋天的時候，那有什麼草可以吃，我都是趁夜晚的時候，偷偷地跑去田間飽食一頓，然後再趁天色未亮時，人不知鬼不覺地的趕回來。」

毛驢便說：「下次可不可以也帶我一起去呢？」

「當然可以！不過你的嘴巴容易弄出聲音，而且聲音又會傳得很遠，這樣的話，就會被人抓去。」公牛說。

「我一定不會發出聲音的，拜託！拜託！帶我去吧！我一定不會弄出聲響的」，毛驢苦苦的哀求著。

於是大公牛和毛驢趁著夜色，來到一家園圃，破籬而入，張嘴就吃，吃得不亦樂乎。驢未吃飽時，毫無任何的聲響；可是等牠一吃飽心滿意足時，就對大公牛說：「阿舅，我想要唱一下歌。」

牛趕緊說：「千萬先不要唱啊！等我出去後，你要想唱再唱吧！」說完，牛也顧不得吃了，趕緊的走出園圃，毛驢也就迫不及待地揚頭鳴唱了。聽到了鳴叫，守園的人趕緊趕到園圃，見及園圃內一團混亂，而園圃內正站著一隻毛驢，大聲鳴叫。

守園的人衝過來一把抓住毛驢的耳朵，用木棒用力的打毛驢，一邊說：「就是你這隻死毛驢，每天夜裡跑到我這園圃來做賤糧食，看我這次要怎樣的來教訓你！」

第二天，公牛到毛驢那兒看望，見那毛驢的兩個耳朵被守園的割下來，身上也被打的遍體鱗傷。

大公牛對毛驢說：「好好地吃東西就算了，何必得意忘形的大聲唱歌，惹得一身的毒打」。

生死大事不容輕忽

從前有一個國王非常崇尚佛法，禮敬僧寶。

有一天從外國來了一隊表演劇團，團中有各式的表演藝人，有魔術、戲曲、雜耍、歌舞等……。

國王不捨得自己獨自享樂，便邀請國寺中的住持，請其一同觀賞，住持因王命難違，也就只好一同觀賞了。

場中只見住持一人正坐危襟目光低視，國王卻在一旁高興地不斷頻頻拍手鼓掌，表演結束後，國王問住持節目是否精采好看。

「老納無心觀賞。」住持回答說。

「大和尚為何無心觀賞？」國王親切的問道。

「因為人生無常稍縱即逝，生死大事在身，故無心觀賞。」住持回答。

國王聽了半信半疑的問道：

「無常生死大事，真的有那麼重要和迫切嗎？會使得您無心觀賞劇團的表演？」

「若不信，請您找一死囚來，讓我證明給您看。」住持說。

國王聽了，命人找來一死囚；住持對國王說：「您請那劇團的人再更賣力地演出一次吧！」說完，又請人拿一桶水要死囚用頭頂著，對死囚說：「假如到劇團表演完，你沒有讓水滴出任何一點來，就饒了你的死罪！」

結果，直到劇團表演完那死囚果然沒有讓水滴出任何一點。住持問死囚，你知不知道在表演什麼？那死囚回答說：「我根本沒心去注意劇團在表演些什麼？我只是全心的注意著我頭上頂著的那桶水，努力不要使它滴出來而已。」

住持轉身向國王說：「無常之迅速，就如同那明天即將被斬首的死囚般，只是世人迷糊度日，被世間的享樂蒙蔽不自覺罷了！若人人能視無常，如那即將斬首的死囚般深刻迫切。生死大事在身，誰又能有心看劇團的表演呢？」

國王聽了此說才大徹大悟，了解了過去的浪費光陰，虛度人生。

就是這樣嗎

白隱禪師的高風亮節，一向受到附近百姓的稱贊與頌揚，說他是位純潔的聖者。

在白隱禪師所住的附近，有一對夫婦帶著一位長得非常漂亮的女兒，在此開了一間小小的料理店，由於這夫婦倆只有這麼一個女兒，所以對這女孩也有如掌上明珠般呵護照顧著。

不料，有一天這對夫妻忽然發現心愛的女兒，肚子無緣無故地大了起來。

這件事讓她的父母感到非常難堪，心裡非常生氣。家裡有個未出嫁卻大著肚子的女兒，當然每個人都有充分生氣的理由，盛怒之餘百般追問「那個男人到底是誰？」

可是她的女兒一句話也不肯說，在經不住父母的一再苦逼之下。她忽然想到：她的父母平常最尊敬的人，就是白隱禪師，若把問題丟給白隱禪師，禪師他一定會幫助我解除父母的追問的。

於是，她就告訴父母讓自己肚子大的人是白隱禪師，他的父母一聽讓女兒肚子大的，竟是自己平時最尊敬的白隱禪師，就怒不可遏的去找白隱禪師理論。

當他找到白隱禪師要其給個道理時，這位大師只有一句話：「哦！就是這樣嗎？」除此之外並不多做解釋。

孩子生下來後就把孩子丟給了白隱禪師，此時，他的名譽已因這件事被傳得滿天風雪，人人皆知。個人名譽的破產他並不介意，只是非常耐心用心的照顧這個初生的幼兒，為了照顧這個初生的幼兒，向鄰居乞求嬰兒需用的奶水和必須用品時，還遭受到不少的折難和冷嘲熱諷。

「大和尚又來替小和尚找東西吃了！」

「阿彌陀佛，和尚怎麼遭這種孽喔！」

種種不堪入耳的話，禪師都不動怒氣，只是默默地做他要做的事，也從來不解釋些什麼或反駁些什麼。

時間一天的過去，一年後，這位未婚的媽媽終於再也忍耐不下了，她終於向父母如實地表明了：孩子的父親原是那常來店裡送魚貨的那位年輕人。因為見父母尊敬白隱禪師，才故意說成是他。

她的父母聽了她的陳述，立即帶著她和那位年輕人到白隱禪師處，向禪師道歉，請求禪師原諒自己的無知和魯莽，並帶回自己的孩子。

白隱禪師聽他們的解釋和道歉後，仍只是一句：「哦！就是這樣嗎？」

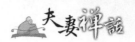

對失意人莫談得意事

處得意日莫忘失意時

可惜皓月無法共享

某禪師住在山腳下一間破舊的小茅房內，一個人過著簡單的生活。

一天，一個小偷光顧了他的小茅房，卻發現小茅房內簡陋的可憐，除了一張破床、一個破蒲團外，沒有什麼其他值錢的東西值得偷的。

正當小偷想打消偷東西的念頭時，禪師剛好從外面回來與小偷面對面的碰個正著。

禪師說：「對不起！屋內沒有什麼值錢的東西。勞煩你長途跋涉而來，不該空手而回，就把我身上的這件衣服權當禮物，送給你吧！」

小偷呆呆的站在那兒，不知道說什麼才好。只好靦腆的說了聲：「謝謝！」拿了衣服就跑。

禪師裸著上身，看見窗外皓皓高掛的明月，心裡沉吟道：「癡昧的眾生，唉！可惜我不能把這美麗光潔的月亮也送給他。」

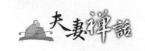

第二天，那小偷因他案被衙門捉住，緝提到禪師家，問道：「這小偷昨天是不是在您這兒偷了件衣服。」

「沒有啊！是我自己送給他的，他還說了聲『謝謝』呢！」禪師如此的回答。

萬緣不攀隨遇而安

傳說布袋和尚即為彌勒菩薩慈航倒駕化生度世的。

布袋和尚為唐代時期的人，他既不自稱禪師也無意聚徒講學，祇是每天背著個布袋漫遊市街，隨興遊逛。他總是把乞得的食物、水果等東西，隨意的投入背後的袋子中，可是不論他投入多少東西，也不見袋子有任何滿漲的樣子；不論他從袋中拿出多少東西，袋子也不會略顯扁癟。

他常常喜歡把乞得的東西，分給隨在身後玩耍的孩童們。他所到之處無形就成了一個充滿孩童笑聲的街頭「兒童樂園」。

凡遇禪師，他都伸手向其說：「給我一文錢！」

如有人請他回寺開壇講經，他也伸手說：「給我一文錢！」如此遊戲人間玩世不恭，誰也不知道他要這「一文錢」做什麼？這「一文錢」又有什麼特殊意義？

一次，他正打算四處遊盪時，遇到一位禪師攔路問道。

「如何是禪？」

只見他立即放下布袋，雙手叉腰而立。

又問：「為何只有這樣，還有呢？」

布袋和尚拿起布袋回身就走，逍遙而去。

當下萬緣放下，隨遇而安即為是——禪。

禪門妙答

在禪門之中，參禪問法，是件極為稀鬆平常的事，即使是同門之中師兄弟之間，也常常以問禪的對答方式，來增加彼此間對佛、對禪的體悟，這種對答方式又稱為「法戰」。

從前在某名山寺院中住著二位師兄弟。師兄是一位博學多聞，對禪宗宗法頗有體悟的飽學之士，而師弟呢？由於其天資較差且又有一目失明，所以對於宗法尚未能有明確的體認。

一天，師兄有事必須外出，唯恐在他出門的時候，有人來寺院裡參禪問答，而師弟又無法使來者得到滿意的解答時，會破壞了寺院的名聲。特地於行前對師弟交代說：「我不在的時候，如果有人來此參禪問答，千萬要少說話，一切等我回來後再說。」

沒想到事情就是那麼地巧合，愈是怕的事愈是容易發生。師兄走後不久，就有一位方行腳的僧人前來寺院參禪。

師兄不在於是師弟只好硬著頭皮，接待這位遊方僧人，幾經「法戰」下來後的結果，那名僧人很滿意的走了，剛好就和正從外面回來的師兄在寺院的山門外碰面了。

師兄見那僧人從自己的寺院中走出，怕師弟的法戰未能使對方滿意，趕緊向前寒喧道：「抱歉！抱歉！我剛好有事外出，山門之內招待不周之事，還請多多原諒。」

「那裡的話！令師弟的四容令人心生敬畏，引導的方式貼切細膩，真是人中之師，宗門之法匠」，僧人回答說。

「煩請將經過一一再為我講一次好嗎？」師兄要求說。

「是的」，僧人應聲道。「首先，我豎起一指，表示大覺世尊，人天無二；他就豎起二指，表示佛、法二者，一體兩面，為二合一。

之後，我又豎起三指，表示佛、法、僧三寶，和合而住缺一不可，這時他在我面前露出個拳頭，表示三者悟而為合一，無所分別。對這樣的開示，我已獲益不少，何求抱歉之有，師兄實在是太客氣。」

師兄聽了僧人的話，心裡鬆了一口氣，便辭別了那位僧人，向山門內走去，半路遇到了師弟正氣沖沖地向山門走來，急聲地向師兄問道：「有沒看到一個遊方僧人走過」。

「恭賀師弟，那位僧人對你的問答已經很滿意的走了。」師兄回答。

「什麼！滿不滿意，我還想揍他一頓呢！」師弟氣呼呼地說。

「是何道理，速速為我道來。」

「哼！」師弟應道：「他看了我一眼後，就豎起一根手指頭，嘲笑我是只有一個眼睛的獨眼龍。我因為看他是客人，必須要有禮貌，就按耐下性子豎起二根指頭，表示說：他很幸運，有二個完整的眼睛。

誰知道這傢伙竟然得寸進尺，還進一步的豎起三根指頭，繼續嘲諷我說：真的好玩，我們倆加起來只有三個眼睛耶！你說這傢伙氣不氣人，所以我再也忍耐不下去了，舉起拳頭正待好好揍他一頓，不料他一看到我這樣，嚇得二話不說回頭就往山門走了。」

授徒用心良苦

盤珪禪師是一位有修有為的大修行者，跟隨他的弟子很多，如潮水般從四面八方向盤珪禪師湧來，而禪師也有如大海般不分鉅細的全部收留教導他。

有一天，一對老夫婦哭著到盤珪禪師住持的寺院中，身後還跟著一個半大不小的小伙子，對禪師說：「禪師啊！我的小孩不知道為什麼？從前就有偷竊的壞毛病，我們夫妻倆不知道費了多大的勁，使了多少的方法，也沒有辦法使他改過這個惡習，希望禪師慈悲能收留他，並教導他，使他能切切實實的改過這偷竊的惡習，以免日後犯案被衙門抓走。」

禪師答應了那對夫妻的要求，收留了那個有偷竊惡習的小孩。

自從那個小孩住進寺院開始，寺院中開始傳出了有人錢包的錢短少了、寺中的香油錢不見了，誰的東西又不見了等等失竊的事來。

向禪師報告寺中有失竊的事時，禪師總是一句話說：「是嗎？再找找看吧！」

直到有一天，那個有偷竊習慣的小孩，當場偷竊被捉的時候，眾弟子一起把那小孩捉到禪師面前，對禪師說：「現在已經人贓俱獲了，而且他也招認以前失竊的東西都是他偷的。現在請師父將他趕出寺院，免得敗壞了寺院的名聲。」

弟子們怕禪師又是一秉坦護的意思，馬上又加上了一句：「如果師父今天不把他逐出寺院，我們將全體一起遷出寺院，不再跟隨禪師了」。

盤珪禪師聽了弟子們的話後，心平氣和的說：「如果你們一定要離開寺院的話，我不勉強你們，但那小孩我是絕對不會將他趕出寺院」。

眾弟子們聽了禪師的話，心裡覺得很不可思議：難道我們大家在禪師的心目中，還比不上那位後來且有偷竊惡習的小孩嗎？

於是趕緊追問禪師：「為什麼？」。

禪師說：「你們大家跟隨我已有多年的時間了，對於學佛，多多少少也已經有自己的見地了。就算你們離開寺院，也可以輕易地在其他地方找到落腳的地方，繼續攻習你們未完成的課業，但，這小孩如果我把他趕出了寺院，他將無法繼續獲得學習，我不教他，誰又會教他呢？」

「讓他繼續墮落而危害社會，還不如我把他留在身邊，慢慢地教導他好。」

那位小孩聽了禪師一番用心良苦的話後，從此大徹大悟一改過去偷竊的惡習，而變成了一位用心刻苦的禪門弟子了。

婆媳禪話

從前，在一個很熱鬧的市鎮上，有一對夫婦就在這最熱鬧的市鎮，最熱鬧的大街上開了一旅店。

這對夫婦年紀已經很大了，但膝下並無任何子女，往來住宿的客商們，都勸老夫婦應該收養一個養子，一方面可以延續香火，一方面也可以繼承這好不容易才做起的店號，同時也可以有個人來照顧老夫婦日後的生活起居。

但，那對老夫婦非常頑固，而且還整天嘮嘮叨叨的唸個不停，人們介紹來的養子，不是住了三天就悄悄溜走，就是住沒幾天便藉故跑掉，總之，就是沒人能住得下去與他們生活在一起。

來往的客商們更是擔心了，也更注意的替他們物色個老實可靠的人。

一天，有個人打聽到某村有一個孝子，因父母現已雙亡，正是給那老夫婦當養子的上好人選，便去熱心地說服那孝子，希望他能去試試服侍那兩位老人家。

那孝子也曾聽人家說過，那夫婦倆是如何的難以相處和嘮叨，不過那熱心人的熱忱態度感動了他，他想：「或許我辛苦、努力一點，能比別人多待久一點，也不一定，不妨試試吧！」

那孝子一開始進入旅店為養子時，內心裡就一直把老夫婦當作自己的父母一樣看待，他晚睡早起每天不停的辛勤工作，克盡自己應盡的義務。

但，那對老夫婦還是一直不停的嘮叨：不是唸這做的不好，那做得不對，就是還有什麼沒做。用嘮叨為代替一切的鼓勵，時間一久，那孝子也開始覺得有些沮喪了，但是礙於不忍心，也只好硬撐下去了，把別人只能維持一個月的事情，硬是撐了快一年，然後，心有餘而力不足的心想著：

「我想，大概我是撐不下去了，是該向他們道別的時候了。」

那是一個快過年的季節，依習俗必須把所有的紙窗，全部換過新紙，有老舊壞損的也該整修的時候了。

紙窗做好按裝時，發現竟稍大了些，原來時間久了有些窗子下塌變形了，有些窗框已經磨損了，原來同樣大小的窗子，竟隨歲月的變化而有些參差不齊了，必須要配合每個窗子實際的磨損下塌情形，一一修改才能裝的進去。

養子看到木工這樣把新而較大的窗子，配合著原有的窗型，刨削掉一些不合的，如此反覆的刨削，直到能安裝上去為止。這時他領悟到了一點：

「以往我一直想用我自己的方式去改變那老夫婦，也就是說，自己是一個外來的人，卻不把如新窗的自己刨削一點，知道了窗子大了，了解了老夫婦的脾氣，卻不去配合他們，不刨削新窗而去修窗框，這實在是很不智的啊！」

從此，他改變了自己的態度，什麼事都儘量配合他們來做，如此一來，老夫婦和他的關係愈來愈融洽也更親密了，以往頑固、嘮叨的老毛病也不見了，比真正的父子、母子更和睦更融洽了。

婆媳之間相處，人與人之間的相處也好，雖然時代不停的變遷，但，人基本的本質卻是不變的。凡事以自我為中心自以為是的處事方法，絕對不會有好的結果。唯有試著，改變自己配合對方，去重視別人看法，多體貼對方的想法，才是根本與人相處的和睦之道。

當人離開了「我」，這個自我的觀念時，一切才會和樂而美滿，才能幸福無礙。

當有「我」這個小我的世界時，一切的景觀都會變的狹隘而灰暗，似乎蔚藍的天空已經不再，陰霾晦氣迷漫著你的身邊，一切的理智與經驗皆被堵塞，反應變得直接和情緒化，口語也變得膚淺粗俗，像這樣子，時間一長就變得人見人惡的討厭傢伙了，能不謹慎能不注意嗎？

避免陷入自我的桎梏，打破有「我」的枷鎖吧！隨時多注意多照顧自己，開始時雖然有些難，但只要有心，慢慢的總會接近完美的，誰說凡事不是起頭難？

柔軟心化頑石

在從前，日本有一位很有名的禪師——仙崖禪師，他的弟子中有一位叫湛元的僧侶，有一天晚上，趁著仙崖禪師不在時，偷偷得與寺中輩份較高的僧侶，翻牆到外頭的市街上喝酒尋樂。

由於此次的玩樂使他感到非常有趣，所以內心一直無法忘懷此次偷偷跑去尋樂的愉悅，於是他開始每晚時間一到，便從寺中偷偷翻牆溜出去，開始在酒肆中流連遊盪。

紙包不住火，時間一長，這件事終於傳到了仙崖禪師的耳裏，由於禪師的心量寬拓，認為湛元不過是年輕氣盛一時貪玩而已，過不久，應該就會停止這荒唐的事，所以他沒打算去管湛元翻牆夜遊的事了，可是湛元本身似乎尚未覺悟到此事，還是繼續我行我素的夜晚遊盪。

一日，仙崖禪師心想：「再這樣如此下去空廢時日，不僅敗壞了寺廟的名聲，也耽誤了湛元自己的前途，我應立即阻止此事發生才是。」

在一次下著大雪又寒冷的夜晚，湛元又溜出去喝酒玩樂了，仙崖禪師命弟子撤去湛元用來墊腳爬牆的石獅，命弟子各自回寺內休息，而自己坐在原來石獅的位置禪坐。

雪不斷的下著，愈下愈大，覆蓋了禪師的腳、身體、肩膀，最後僅雪出禪師的頭而已，但，禪師仍在原地繼續打坐著，夜愈來愈深，雪也愈積愈高了，到了半夜，湛水和尚終於酒足意滿的搖搖晃晃的回來。

像往常一樣，從圍牆翻上牆頭，越過牆再將腳墊在石獅上跳入寺內，雖然覺得腳上踩的石獅有些軟，但心想：大概是自己喝多了的原因吧！便還是踏著石獅跳下來。

就在那一剎那，湛元覺得腳下的東西搖動了一下，定神一看，哇！糟了！

原來他所踏的東西並不是石獅，而是在雪中打坐靜待弟子回寺的仙崖禪師，而他竟踏著師父的頭跳下圍牆。

湛元此時才發現自己的不該，酒！已經醒了一大半，他跪在地上，頭貼著地面說：

「師父！請原諒我的荒唐吧！」湛元流著淚懺悔著，請求仙崖禪師原諒。

仙崖禪師看見湛元的樣子，拍了拍湛元的肩膀，親切和靄的說：

「累了吧！外面很冷，快回房睡覺吧！」說完，便逕自回到自己的禪房，留下跪在雪地邊哭泣邊懺悔的湛元。

從此，湛元停止了夜遊的習慣，一心努力精進苦修實修，後來終於也成為一位有名的禪師。

故事中，禪師沒有一句責罵，也沒有任何的難看臉色，卻成功地將一位弟子從墮落中拉回覺醒的彼岸。

責難雖會使人心生畏懼，但，卻無法使人由內心裡生起懺悔的覺悟之心，短暫的改過只是治標，爾後仍會有故萌舊態的時候，如此反覆的改過、患錯，患錯、改過，很可能會使這個錯，如滾雪球般愈滾愈大，終至一發不可收拾，到那時再如何也將無法挽回。

夫妻相處，父母與子女，不正也是一樣的嗎？人非聖賢，孰能無過，偶爾犯了一些錯，不要立即惡言相向、惡臉相對。沒錯，惡言惡臉或許會使做錯的一方，低聲下氣的暫時收斂起來，讓對的一方，能理直氣壯的發洩一番。或許這能使錯的事改善一點，但並未能真正解決事情發生的真正原因，時間一久，問題還是會再發生的。

還不如像仙崖禪師一樣，用愛心、用真誠、用行動來代替惡言惡狀，效果反而會更好呢？

愛情禪話

「愛情的力量，小卒仔有時也會變英雄。

愛情的力量，英雄也會為情來悲傷。」

這是幾年前流行的一首台語歌的歌詞，一時蔚為風尚街頭巷尾幾乎人人皆能朗朗上口，唱上幾句。

沒錯！愛情的力量真是不可思議，其力量之大，足以排山倒海摧毀萬物，其影響之深足以使人沉淪而永劫不復，其殺傷力之重足以使人忘了自己是誰？力貫古今，又何況是讓小小的小卒仔變成英雄呢？其功之妙甚至還能起死回生，令枯枝發芽，寒冬變暖呢！

更稀奇的是，這種神奇而偉大的力量是出人人皆有的本能力，「它」不分男女，不分國籍，甚至還不分老少，就如同當時佛陀——釋迦牟尼在菩提樹下靜坐，瞥見流星一閃，當下大徹大悟的發現一樣：

「奇哉！奇哉！眾生皆有成佛之本性、本體」

「奇哉！奇哉！人人皆擁有此無與倫比的力量——愛情的力量。」

善用此力量可以度化眾生，讓你（妳）的對象頑石點頭，「它」雖不像王法、暴力般能立即見效一竿見影，卻可以在淺移默化中收到你意想不到的功效。改善治安、掃盪毒害令遊子知返要黑道消弭皆可善用此法，善用此法，我想一定可以收到具體的效果。

從前有一位年輕的和尚，一旦因事外出，不小心迷了路，在荒郊野地裡錯過了宿頭，眼看今晚勢必夜宿野地受餐風野宿之苦了，焦急之餘竟發現前方不遠處有幾點燈火，想必是處人家，就摸黑往那兒找去。

果然！應門的是一位儀態動人、風姿婉約的年輕少婦。和尚說明了原委，那少婦表示：她是個寡婦，而且家中並無他人在家，孤男寡女本不便留宿，但見他是個六根清淨的出家人，也就不避嫌讓他借住一宿。

由於這位少婦長得十分端莊出色，和尚一時被其魅力所惑，竟徹夜不能成眠，最後竟侵入少婦的房間，意圖非禮。

少婦嚴正的說：「我看你是儀貌堂堂的出家人，是人天導師，才不避嫌地借你一宿，沒想你竟心存不軌，真是枉愧你穿這一身袈裟，枉受了這十方的佈施供養。」和尚聽了，內心慚愧不已。

此時，這少婦突然改變了口氣，問和尚說：

「你會背頌整部『金剛經』嗎？」

「不會。」和尚對這突如其來的問話，回答說。

「如果，你能背頌整部『金剛經』的話，或許我還可能考慮答應和你住在一起。」女婦說。

這樣約定後，翌日清晨和尚即請告辭，掛單其他寺院，飯也不吃的一心背頌「金剛經」，只希望能早日背頌，好與少婦一起生活。過了數週，背熟了後就依約趕往少婦處背頌「金剛經」，少婦聽了滿意的說：

「我們倆難得有此緣份，我想，索性你再回寺中苦修三年，等到你開悟了有些境界時，我們再結婚，我不希望村人笑我隨隨便便嫁個小和尚，而且我也可利用這段時間勤作女紅，那我們的婚禮將來也能風風光光的舉行，你說好嗎？」

和尚一聽覺得有理，決定當成為高僧時再來風風光光的迎娶少婦，於是回去後加倍努力精進，三年後，果然精進有成。回想過去的往事內心不覺荒唐，便想回去告訴少婦打消過去的妄念。不料，到舊地時竟發現早已人去樓空，只見堂中掛有一副觀音像，神態與那少婦頗為相似，此時那和尚方才了解，原來那少婦竟是觀音菩薩的化身，特來顯靈渡化成就他。

欲是貪念，愛是執著，由執成癡，眾生以假為真地盲目追求，而形成一種偉大的力量——愛。

愛可使人由惡變善，由善轉惡，善惡之間存於一心之用，小卒仔變英雄，英雄變小卒仔，全在於你（妳）如何去引導循循善誘。

你（妳）願意成為渡化他（她）的救世菩薩嗎？就看你（妳）怎麼做了。

布施者也應心存感念

道鳴是蓮華禪寺的住持，由於弟子的人數日漸增多，所以他需要一個更大的場所來繼續他教導學生的工作。這時有個富甲一方的大富商，決定捐獻出所有擴建寺院的工程款，以繼續禪師引渡四方弟子的弘志。

富商擇定了吉時良辰，親自將這擴建工程的鉅金，送到禪師面前。

「好！好！」禪師淡淡的說著，就請人把錢給收了起來。

富商將錢交給了禪師，沒想到禪師的反應竟是如此的冷淡，只是淡淡的說了聲「好！」。五兩黃金已經是足夠一個小康之家生活一年的生活費了，他一下子就捐出了一千兩黃金，卻落得個「謝！」字的沒有，不禁內心有些忿然。

「我這次所捐的是一千兩黃金，」富商加強語氣暗示著。

「對的，是一千兩，我知道。」禪師回答。

「一千兩黃金將可以擴建很大的禪房」富商仍不死心的繼續暗示禪師，希望禪師能聽得懂他的「語外之音」，說些什麼感謝、功德無量之類的話來。

禪師當然懂得他的意思，他反問富商：「您是希望我說些感謝之類的話嗎？」

「我捐了一千兩的黃金，說句感謝的話，不是也應該嗎？」富商說。

「應該心存感謝的是您」，禪師說：「您今生能如此的富有，是因為您上輩子做了很多善事造了很多功德，才有如此的果報；現在我給您機會出資建寺，讓你有為下輩子積功德造善果的機會，好讓您能再享榮華富貴，為什麼要我感謝您呢？該心存感謝之心的應該是您，不是我！」

明月清風

洞山禪師和他的師兄僧密禪師一日遊方行腳到一座大深山之中，來到一條河的河邊，看見水面漂浮著一、二片菜葉，洞山禪師說：「在此荒無人煙的深山之中，怎麼會有菜葉漂浮水面呢？想必有大修行者住此深山峻嶺之間吧！」

師兄弟倆共同商議之後，決定要入深山之中瞻仰這位大修行者，他們沿溪朔流而上走了八、九里路，突然發現了一座茅草塔蓋的小房，建在離河邊不遠的平台上，而茅屋內住著一位身影清瘦，面容奇特的人，經過交談之後，得知他就是潭州龍山和尚。

洞山和僧密兩人放下行李，即恭敬的向龍山和尚頂禮問訊。龍山和尚問：「這座山對外並沒有通路，不知兩位是怎麼進山找到這兒的？」

洞山禪師說：「『沒有通路』此話似有疑問，既無通路，請問和尚又是從那條路進山的呢？」

龍山和尚答：「心之所至，行之所至。反正，我不是遊方行腳到這裡的。」

洞山問：「和尚在此山中不知已有多久？」

龍山答：「四季的交替，寒暑的更迭，都已不干我的事了！來了多久又豈是我記數的。」

洞山又問：「和尚為什麼要住在這荒無人煙的深山之中呢？」

龍山問：「那何處又是我該住的地方呢？心移境轉，境轉心移，何處是塵囂？何處是荒山？」

洞山問：「請問和尚，如如不動的真如之心，和隨境變化的妄念之心的關係如何？」

龍山答：「如長江的江水和波浪的關係。」

洞山再問：「若真如之心和妄念之心起了效因時，應如何來對應呢？」

龍山答：「當如明月皓然，清風徐來。」

如法修行

洞山禪師一日遊方至南京，遇見一位學僧，兩人便結伴同行，洞山禪師於結伴同行的日子裡，仔細的觀察那位學僧；發現那位學僧的資質很好，悟性也很高，只是不如法，所以入門無路徒費時日。洞山禪師有意點化他。

一日，他們行經一條河，在渡河時，那學僧擔心水中石滑禪師會滑倒，便提醒禪師說：「師父，小心別滑倒了，以免掉到水深的地方囉！」

洞山禪師說：「對！千萬別下錯了腳，否則就到不了對岸了。」

學僧一聽禪師的話有弦外之音，趕緊再問：「要怎樣走，才不致於下錯腳呢？」

禪師回答：「只要跟著經驗老到人一起涉水渡河，就不會下錯腳了。」

相由心生

有個專門製作假面具的藝術家，他對他的這項藝術創作工作相當執著，總是日以繼夜的構思他的作品，不達到他的目標要求，絕不把作品交出去，所以他的作品贏得了各界的好評，訂單自然也就源源不斷。

有一天，有一位跟他從小一起長大的好朋友來拜訪他，他們倆的感情相當好，有如親兄弟一樣，照理說倆人一見應該是很熱絡的才對，可是他的朋友一見到他，就覺得他的臉色不對，似乎有些不和善和冷漠的感覺。就關心地問他說：

「你近來有什麼不對嗎？你的臉色也好像不太對哦！會不會是因為工作太投入、太累了？還是身體不舒服？」

「沒有呀！」他覺得他的朋友似乎太多心了，所以冷冷地回答。

「真的嗎？我看你好像不太對勁哦！」他的朋友似乎不太相信的問著。但，礙於對方也沒有表示什麼，所以沒再說些什麼，就回家了。

過了半年，他的那位朋友又再次來訪。一見面看到他就對他說：

「哇！什麼好事呀！看你的臉色這麼好，跟以前都不一樣了，快！快告訴我，讓我也分享一下吧！」

「沒有啊！」他還是同上次一樣的回答。心裡一面盤算著，為什麼前後半年的時間，我的朋友的問話老是這麼地奇怪？我還是我，一點也沒變啊！忍不住，就問他的朋友說：

「為什麼？你半年前來時和這次來時，都一見面就問我是不是有事，是不是你看到我變了什麼？還是我有什麼奇怪的地方？」

「我只是覺得奇怪？半年前來時，看到你的臉，似乎讓我感覺陰沉不友善的樣子；而這次看到你的樣子又不一樣，是慈眉善目那麼地祥和快樂，令人覺得很願意多和你接近的感覺。我想一定有什麼好事發生，所以我才這麼問的啊！」朋友如實的把自己的感覺說了一遍。

這時，他才恍然大悟的想起來了：原來他半年前受客戶的委託，承製了一些妖魔鬼怪的面具，在創作製造的期間裡，為創造出唯妙唯肖的面具，所以他必須日以繼夜的構思圖像，想像那妖魔兇狠怒目的樣子和咬牙切齒的神態。

如此，日思夜想的，那兇惡的模樣就自然地呈現在臉上了，神態和言語就使人看來陰陽怪氣，令人不敢接近。

而最近剛好又承接了一批神佛、菩薩像的訂單，同樣的，滿心所想的盡是菩薩慈眉善目，和藹親切的樣子，所以呈現於臉上的，也是一副明朗和樂的神情。

天堂與地獄其實分別不大

相傳天堂與地獄之間相隔的很近，並不像一些民間故事所說的：一個在三十三天外，另一個卻在地下十八層中。而且天堂與地獄之間的浴室與浴室，餐廳與餐廳間中間只有一牆之隔。

有一位大善人因平時急公好義樂善好施，深得鄉里間的一般百姓好評。一日，於睡夢中蒙玉皇大帝的邀請，夢遊天堂與地獄。

在遊歷了天堂、地獄的各處有名的名勝之後，就在這回程的時候，他來到了浴室和餐廳參觀。

先來到浴室。據帶領的表示：天堂與地獄的二個浴室，大小相同，而且每次入浴的人數也相同，總是塞滿了整個浴室。

善人先來到地獄，只見浴室之中，人山人海，而且吵鬧聲不斷，從小口角到大打出手都有。

再到天堂，情形就截然不一樣了。大家一團和氣的，互相圍成一個圓圈，依序的替對方洗背。

因為在這這麼小的空間裡，如果每個人都要自顧自的自己洗背的話，勢必會施展不開手腳而碰到別人。結果就會像地獄一樣，大家吵吵鬧鬧了。

善人看完了浴室來到了餐廳。

只見這二個餐廳的大小，使用的人數、食用的菜色都完全一樣，而且很奇怪地，二個餐廳所使用的餐具，都是一根長約一公尺的勺子，可是結果的情形，天堂與地獄卻有很大的差別。

在地獄：每個人手中揮動著長勺，食物如落葉般漫空飛揚，卻個個吃不到東西，你爭我奪的，手中的長勺不再像是餐具，反而像是捍衛食物的武器。

因為餐廳的空間太小而人又太多，手拿著一公尺長的勾子，食物還沒送進自己的嘴裡，就被隔壁的人給打落了，所以就變成了食物漫天飛，卻個個吃不著的情形，所以每個人只有拿長勺，捍衛自己的食物啦。

而天堂卻又是另一番景像；每個人面對面的坐下，用自己的長勺，舀食物互相餵食對

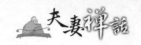

方，所以沒有爭執，個個都能吃飽。

善人看完兩處，內心有著深深的感觸：天堂、地獄所差何幾？差的只是一顆相互幫助的赤心罷了。

吝者的祈禱

從前有一位很有錢的富翁，他家財萬貫，良田千頃，卻吝嗇的連小錢都捨不得花，還到處佔人的小便宜，是個標準的守財奴。

有一天他的兒子生病，他捨不得花大筆的醫藥費找醫生治病，所以就找了個出家人，希望他代為頌經祈福使兒子能百病祛除。

那位出家人，早已對於這個名聞鄉里的吝嗇大富翁的「美名」有所耳聞了，不過他也不介意地答應了他的要求，開始為他禱念祈福：

「遠在天邊的菩薩呀！請你保佑他的兒子能早日祛除百病，恢復健康強壯的身體呀！等他兒子的病好了後，金的燭台，銀的香爐一定照顧奉獻。……」

「南無遠在天邊的菩薩！南無聽不到我祈願的菩薩！」那出家人隨口亂唸。

那富翁在一旁愈聽愈不像話，愈聽愈離譜，就對他說：

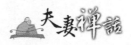

「喂！你稍等一下，你為什麼都請遠方的菩薩？附近的菩薩不是比較近嗎？來也比較快點？」

出家人聽了他的話就說：

「施主，您有所不知呀！這附近的菩薩都知道你吝嗇，不肯相信您會還願，但，遠方的菩薩還不知道您的慳吝，或許會相信您的願力，過來幫幫您的忙。而我也免得被附近的菩薩怪罪說我亂打誑語。」

近朱者赤，近墨者黑

佛陀和阿難一日經過市集。在一個魚販的攤位前停了下來，對阿難說：「你摸摸鋪在魚下面的茅草看看。」

阿難照做後，佛陀問道：

「你聞聞看，你的手是什麼味道。」

「好臭！」阿難聞了後回答。

「阿難！若人常親近惡知識、交惡友，時間雖然不長，但他的惡習也會如這茅草般，沾滿惡臭。」佛陀對阿難說。

走了一會兒，他們又走到一間花店前停了下來，佛陀對阿難說：「你到店裡化一個香袋來。」

阿難依教到花店化得一個香袋，佛陀再說：

「現在你把香袋放下，再聞聞你的手，看看是什麼味道？」

「好香！」阿難聞過後，笑著說。

佛陀說教道：

「若人多親近善知識、交益友，常與他們學習討教，即使不能和他們一樣優秀，也會和這拿過香袋的手一樣，沾滿香氣。所以，阿難！今後將多與舍利佛、目連等人在一起，他們的賢德會影響您的。」

執愛——你以為你愛的人最美

佛陀在世時，有一弟子發心出家追隨佛陀，不過在他的心裡還是無時不惦記著家中美貌的妻子，以致不能專心修行，時有退轉之意，內心不斷的掙扎著。佛陀知道了這件事。一日，佛陀來到了他面前，問他：「你出家已有一段時間，可曾修練成任何一項神通？」

「沒有！弟子尚未開悟，故未能得到任何神通。」弟子回答。

「今天讓我用神通力，帶你到天界和其他地方走走吧！」說著，就運用起神通，將其弟子帶往一座風景優美，鳥語花香，無人跡能到的美麗山間。那地方是那麼地美好，真可喻為人間仙境。

那裡住著一位猴王，帶領著一群猴子猴孫們在那裡快樂地生活著，只見那猴王一會兒為牠身旁的母猴梳理毛髮，一會兒又去採些鮮花水果送給那母猴，狀似親蜜，一副快樂安適的模樣。

佛陀指了指母猴，對弟子說：「你看那猴王對那母猴殷勤示好的樣子，那母猴一定是那猴王心中最寵愛、最美的妻子吧！」

弟子回答：「我想是的，從猴王的動作中，可以了解猴王對牠的愛意。」

「那母猴比起你家中的妻子，如何？」佛陀突然問弟子。

「那母猴全身是毛，嘴巴又尖，焉能與我家中妻子相比。」弟子回答。

佛陀聽了，不做任何回答，笑了笑，又帶著弟子往天界遊去。

天界之為天界，其地方之美建築之華麗自不在話下。其時，正有幾位仙女在那兒跳舞，舞姿款款，輕移蓮步，一投足一舉手間展現出無限的嫵媚，這時佛陀又問弟子，這幾位仙女比起你家中的妻子，如何？

「這幾位仙女，國色天香，體態盈盈，為天之驕女。我家妻子怎能有其之萬一呢？」弟子回答。

佛陀藉機說法：「你執著於妻子的美麗而不能專心修行，而你妻子又比不上仙女的美，就如猴王沉迷於那母猴的美麗，而那母猴又不及你妻子的美一樣。」

「因為執著——痴，而耽誤了人生大事，是很得不償失的，現在你眼中的美、好，不過是一時的幻影，猴、人、仙女那一個較美？執著於你現在所愛，是不是也很傻呢？」

以退為進，以伏為高

在某禪寺的一個角落，聚集了許多的學僧，他們正在為寺裡的圍牆草擬一幅龍爭虎鬥的寺院壁畫。

圖中，龍在雲端盤旋，正作勢向下俯衝；老虎盤踞山頭，作勢向前欲撲。正是一副龍爭虎鬥的景象，雖然經過他們修改多次，可是但大家仍總感覺圖中的氣勢似乎略嫌不足。

就在大家紛紛討論各自發表自己的看法時，剛好禪師從外面回來，大家就請禪師對他們的畫表示一些意見，以為改進的方法。

禪師仔細的看了後，說道：

「畫得雖然很好，但，龍與虎的特性似乎並沒有能掌握住，所以看起來總覺得缺了些什麼。」

又再看了看畫，禪師繼續說：「龍在攻擊之前，其頭必向後縮；虎要上撲之時，頭則向下壓低。龍頭向後彎曲的角度愈大，虎頭貼近地面之高度愈低，也就衝得更快，躍得更高。」

大家一聽禪師的說明，大有所悟的齊聲向禪師說：「禪師真是高明，一語道破其中精髓，怪不得大家伙兒總覺得它們缺點什麼，好像有種想飛飛不起，想跳跳不高的感覺。」

禪師藉機說教，告訴大家：

「其實為人處事與參禪修道的道理也是一樣。唯有退一步地充分準備之後，才能衝得更遠；謙卑地反省之後，才能爬得更高。」

「龍為獸中之靈，虎為獸中之王，同樣都要以退為進，以伏為高，以謙為尚。以此原則來參禪、修道、作人處世，不也很相宜嗎？」

隨時放下

從前有個四處旅行的人。

有一天，走到一條大河邊時，想渡河卻發現此處並無架橋，於是在河邊找了一些竹子，做個竹筏以便渡河，上岸後，這個旅行者仍然扛著竹筏趕路，從沒有想到要把竹筏放下，儘管汗如雨下依舊我故，這時有個路過的人，好奇的告訴他：

「竹筏只是用來渡河而已，你為什麼？渡河之後還要把它扛在肩上呢？」

這時，旅人才恍然大悟的將竹筏放回河邊。

同樣的道理，在社會中有很多規範和限制，是為達成某種目的而設立的，假若過份的拘束時，反而很容易失去的原有的意義。

譬如賺錢只是為求較好的生活品質，但非絕對條件，如果忘了原則，而光是一味的追求金錢，那時反而會失了真正的生活意義。

從前有一位禪僧，時常與同修到處參訪，一日，兩人走到河邊，由於適逢下雨過後，河水暴漲，兩人正要撩起褲管涉水渡河時，發現有一位打扮入時的小姐，坐在河邊正為擔心打濕衣裳，無法渡河而發愁呢！

這時，這位禪僧禮貌的走到這位小姐面前說：「阿彌陀佛，出家人處處與人方便，我是出家人，理應幫妳渡河才是。」說完即背起那位小姐，渡過河去，而在一旁的同修，心裡老大不高興的想著：「出家人，禁邪淫是根本戒律，這回還把女人背在身上，這真是太不像話了。」，便生氣的悄悄地走掉了，讓禪僧足足的趕了三里路，才把他趕上了。

禪僧不解的問：「一路上我倆相伴行腳參訪，為什麼？這回悄悄地把我拋在後面，不理我呢？」

那位同修氣呼呼的說：「你太不像話了，一個出家人，把小姐背在身上，成什麼體統？」

禪僧聽了，笑了笑說：「過了河，我都已經忘了，你還把那小姐放在心上，你未免太好色了吧！」說著，拍拍那位同修的肩膀，一副神態怡然的樣子。

大乘佛教對於這不拘泥形態，自然無礙的現象，稱之為「三昧」，達到如此境界的人，若認為某事值得去做，即放下一切的專心去做，直到完成後，才會發現自己的存在。

當我們專心到忘我的時候，意識完全超越了時間和空間的限制，一切皆為方便，萬事無礙自然現前。

豈能盡如人意
但求不愧我心

諭月

過猶不及

平常不太運動的人，突然做激烈運動時，常會引起肌肉受傷，或心臟痲痺；當肚子餓的過頭時，一下吃太多的東西，一定會引起胃痛或嘔吐。這就是過猶不及的道理。

凡事若能保持中庸之道是最好的，適度的休息、營養、睡眠，對身體、腦力都有莫大的幫助，甚至還能激發一些潛能，幫助你解決問題呢！

蘇納是名門之後，有一天，他突然對於過去那種奢華的生活，感到厭惡，進而想追求人生的真義與價值，於是便皈依了釋迦牟尼，成了佛門中的比丘，蘇納為了能早一點體悟人生真義，了脫生死。

於是乎，他日以繼夜不眠不休的研究經典或打座冥想，企望能有所醒悟，如此日復一日，卻苦無進展，正當他失望到極點，覺得心煩意亂時，釋尊察覺了他的處境，對他說：

「蘇納，你在未出家前，可會玩些什麼樂器，」

「會的，我會彈琴，」蘇納恭敬的回答著。

「很好」，釋尊說：「既然，你會彈琴，應知琴弦太鬆，無法發出美妙的音聲；而琴弦太緊，則又會弦斷音絕，想要彈出悅耳的音聲，必須先將琴弦調整得鬆緊適宜，如此才有可能。同樣的，修行時，如果心存鬆弛，就無法摒除雜念，若心裡過份的緊張，將無法接受教誨，因此，最好的方法是，使身心保持中庸，不緊不鬆，恰到好處。」

人生，猶如在崎嶇顛跛的道路上，操縱汽車前進，如果心浮氣燥猛踩油門，車子會因跑的太快，而造成危險；若顧慮太多，專注在剎車上，車子就會跑得太慢，而事倍功半，想開好車就必須平心靜氣的好好開穩穩地，如此才能平安的到達目的地。

註：比丘——出家的和尚。

求人不如求己

金山寺的佛印禪師與大學士蘇東坡本是好朋友，一天兩人結伴郊外散步時，信步走到一間小廟，小廟中供奉著一尊「馬頭觀音像」，佛印禪師立刻向前合掌頂禮。

此時，蘇東坡突發奇想地問道：「觀音菩薩本是我們所禮拜的對象，為什麼祂手上也拿著一串念珠？祂好像也正在唸佛，祂拿著念珠究竟是唸誰的名號呢？」

佛印禪師說：「求人不如求己，祂也正唸觀世音菩薩啊！」

意思是說：「念觀音，學唸佛，其實就是學自己，就是完成自己。」

我們往往不知道自己的內心裡，藏有著無限的寶藏。

卻遇事時不求諸己，反求諸人，其實這是種錯誤的想法，別人的賜予和關愛，或能減少自己的負擔。

但，若求不到時呢？就會灰心失望，甚至於再臨事時，就會卻步不前。

俗語也說：「靠人人倒，靠山山倒，靠自己最穩。」為什麼呢？

當我們在做某事時，變數愈小，可掌握的成功機率就愈大，唯有掌握自己時，變數最小，成功的機會最大，若連自己都難以控制，又怎能指望掌握他人呢？

凡遇事時，一切反求諸己，抱著捨我其誰的堅定態度，不期待，不等待他人的援手，萬事皆靠自己，定能有所突破與斬獲。

釋迦牟尼佛出世時，一手指天，一手指地，口說：「天上天下唯我獨尊」，不正也是告訴我們自信的重要嗎？

天上天下再也沒有比我們自己，更尊貴更值得信賴的。

一念之間造就極樂與地獄

白隱禪師為一代名僧。

有一天，一位武士前去拜訪他，並問他：「地獄與極樂世界到底在那裏？」白隱禪師聽了他的話後說：「你這白癡、武夫，你真的關心地獄與極樂世界嗎？」說完就嘲笑的看著他，聽了這話，武士不禁怒火中燒。

「你這狗屁僧人，怎麼戲弄於我！」武士憤而拔刀，只見禪師輕巧的躲過，並再度戲弄武士一番，武士更是火冒三丈，正要使用狠招時，禪師坐了下來，指了指武士說：「這就是地獄！」

武士忽然警覺到自己的無禮，立即在自己的站立處坐下。慚愧的說：「老僧人，恕我無禮，請包涵。」禪師馬上接著說：「這就是極樂世界。」

這真是金玉良言，地獄與極樂原本存在我們心中，只是一念之間而已，從以上對話我們可以明瞭，佛經中，常可見類似法語，以下是另一則寓言：

相傳地獄與極樂世界的浴室互相為鄰，且兩個浴室的大小也一模一樣，連就浴的人數也相同，每個池中都塞滿的人，但地獄與極樂世界兩個浴室中，所發生的事卻大不相同。

在地獄中吵鬧聲不斷，到處皆有爭執，從小口角到大打出手都有，沒一處安心。

極樂世界就不同了；大家一團和氣一片祥和，何故？

原來極樂世界池中的人互相圍成一圓圈，照序的幫別人洗背，因在這小池中，如果每個人都想自己洗背的話，一定會碰到別人，而不能順利的洗澡，就會如同地獄池一般吵鬧不休。

其實地獄與極樂，娑婆與淨土都放在同一地方，不同的只是那裏的人，心的思考方式而已。

有的人整天生活在死懼猜疑裡，自我設限的保護自己，為恐有人加害而不利自己，另一方面又想找尋個和樂的天地，其實只要放開自己的心胸，接受包容對方，隨時保持平常心，那人間何處非淨土。

只要你想，又何必去求呢？

生前一塊肉，好過墳前拜頭豬

老人曾經是知識和經驗的先覺者，同時也是地位和財產的所有者，各方面都站在指導後進者的立場。

由於時代的急速變遷，科學更是一日千里，使得趕不上時代潮流的老年人，沉醉於過去的經驗，仍以古板的態度對待下輩的人，因而招致年輕人的反感與不諒解，形成一條深不可測的鴻溝。

古時候，有一位年邁的老母親，因為失去了工作能力，她的兒子覺得，這沒有用的老母親，除了多張嘴吃飯外，又不能工作，於是便狠下心來，背著她往山裏頭去，想丟棄她。

途中，兒子一路上聽到背後的老母親折斷樹枝的聲音，他心裏暗想：

「一定是母親怕被遺棄之後，無法自己認路下山，而沿路得做記號。」

他不以為意地繼續往更深的山裏面走去，好不容易到達目的地後，將母親放下來，毫無感情地說：「我們在這裏分手吧！」

這時，他母親慈祥地對他說：「上山時我沿途折斷樹枝為你做記號，你只要順著記號下山，就不會迷路了。」

這位母親並不因為孩子要遺棄她而有所怨恨，反而沿途做記號，好讓他能順利下山，這種無比慈悲而偉大的胸懷，使她的兒子從大逆不道的惡行中覺醒過來，趕緊跪下向母親賠罪，請母親原諒兒子的不孝。將母親再背回家裏，從此極為盡心的孝順她。

另外，有一位女孩，雙親都已去世，只剩下一位弟弟與她相依為命。為了維持生活，她按著報紙上徵人廣告去找工作，面試時，主考人問她：「妳信仰什麼宗教？」她回答說：「沒有。」竟因此落選了。

於是她鼓起勇氣，向主考人說明：「我雖然不信仰神佛，可是家母一直活在我心裏，只要一想到母親，我就不會做出壞事。因為我曾立過誓，絕不會做出讓家母傷心的事情，而只要是家母高興的事，赴湯蹈火在所不惜，我一向是秉持這項原則生存的。」主考人被她的孝心感動，終於錄取了她。

更有一位詩人，曾寫過這樣一首詩：

背著母親，帶她去賞花。

感覺背上的母親，體重愈來愈輕。

傷心，無法舉步。

我們不難體會出，故事中的主人翁對於母親所流露出的至情，感人甚深。

對父母不孝的人，不妨想一想，當自己年老時，若發生同樣的情形，自己失去了依靠，將是如何地孤單寂寞?所以應三思而後行，好好地及時孝順父母吧!不要等到「風欲止而樹不靜，子欲養而親不待。」那樣，後悔就來不及了。

布施需要的是感情而非理智

常常在地下道中，或人來人往的夜市，會發現有殘障的人士，身體在地上拖行著，推送一部載有香燭的小車子，口中不斷的唸著：

「好心的叔叔、伯伯跟我買一包香啦，做好事燒好香，拜託！買一包香啦！」

心中剛起一個念頭，「好吧！可憐，可憐他！買一包好了；沒有了雙腳還能自力更生，雙手爬行地作生意，真難得。」

卻又被另一個念頭打消了主意，報載：「不肖集團，利用殘障人士，沿街販賣香燭，發良心財。」

像這種類似的情形，我想遇到的人一定很多，而且事後還再想，我這樣子做，到底對不對？是不是太過理性了？

古時候，狐狸和猴子、兔子是好朋友，成天在森林裡玩耍，一天，玩耍中忽然看見一位旅人，因饑餓而昏倒在森林裡，牠們覺得很可憐於是就分頭去找食物，不久狐狸和猴子找了很多的食物回來了，唯有兔子空手而回，因為牠不能像狐狸一樣，會狩獵抓其他小動物，更不像猴子一樣會爬樹摘果子，因此牠覺得很抱歉，竟跳進火裡奉獻出自己的身體。

此時的旅人，恢復了本來的面目——「佛」，雙手托著兔子的身體，並受記未來世中牠將成佛。

在這故事中，特別推重兔子，而無視於狐狸與猴子的善心。如將價值放在於找到的食物，那無異是狐狸與猴子的比兔子有價值，但這裡所要談的，不在於你貢獻了什麼，而是在於你的初發心如何。

另一則故事：釋尊在世時，由於供養酥油的功德相當殊勝，有一個老太婆也想燃燈供佛，但是，她實在是太窮了，根本無能為力，於是她把畜留多年的長髮剪了，換了錢到店裡去買酥油。

店主問他：「妳這麼窮，為什麼不把這些錢去買吃的呢？而要買油供佛？」

她回答：「從我出生到現在一直很窮，所以沒有能力供佛，如今我已步入晚年了，我希望在我殘餘的生命裡，買點油供養佛祖，就是只此一次也好，也好滿了我最後的願望。」

老婆婆雙手捧著油供了佛後，靜靜坐在佛前聆聽佛的教誨，忽然，刮起一陣強風，吹熄了所有的燈，唯剩下老婆婆所供的燈，依舊旺盛的燃著，眾人覺得萬分不解，於是請教釋尊。

釋尊說：「雖然她所供養的酥油，少得不足以使這燈繼續燃燒，但她內心裡卻含有無限的真心與願力，是此，支持著這燈不會熄滅，而且會長久的亮著。」

在佛教的教理中，講求的是願力與初發心，而不是結果，就在你行善的那一剎那，你的初發心如何？功、過就此產生，致於對不對？該不該？自有因果判斷。

平常心是道

禪僧趙州問南泉禪師：「什麼是道？」

南泉回答：「平常心是道，」

意謂：日常生活行住坐臥間皆有道理的存在。

某日一儒士求一禪僧說：「我學的是儒家的傳統，何謂儒道？略能知一二，但對所謂禪道不太明瞭，望禪師指點，指點，」

禪師聽完，也不開口，迎面就是一巴掌，嚇得那儒士奪門而逃，而禪師卻仍坐該地動也不動。

那儒士愈想愈氣，我虛心前往受教，卻惹來一身閒氣，禁不住發怒的抱怨說：

「豈有此理，我非去問個明白不可，」

就在這時候，有個老和尚聽見了他的抱怨，就安撫他進客房中說：

「出了什麼事？不要生氣！老衲先泡杯茶喝，一會兒，你氣消了再慢慢告訴我好了，我一定幫你出氣，」

就在他坐下來一面喝茶一面抱怨的同時，老和尚事出突然的也揮了一巴掌，打落了他手上的茶杯，大聲的問他：

「剛才你說你懂什麼是『道』？現在馬上說來，想一下便不是真『正道』。」

那儒士楞了一下，竟找不出一句適當的話，來回答這個問題？老和尚一再的追問，也始終答不上一句，這時老和尚笑了笑說：「即然你說不上什麼是『道』，那就請你看看我們的『道』吧！說著就拿起了一塊抹布，將剛才打翻茶水濺濕了的桌子，仔細地擦乾，說：這就是我們的『道』，儒士這時才領悟過來。」

原來，「平常心是道」，只要我們把日常行住坐臥中的小事情，一一安頓好，道就在其間，道即在身旁，又何必捨進求遠呢？

正可謂：「佛在心中坐，何必西方求」

生死乃常然之事

俚語說：「父母想子長江水，只有向下不求上，」

許多父母將愛心傾注在子女身上，噓寒問暖照顧得無微不至，生怕照顧得不好，使小孩子有所病痛，但，萬一孩子遭遇不幸時，立刻痛不欲生而萬念俱灰。

我有一位朋友，最近慘遭喪女之痛。自從他七歲的女兒出車禍過逝後，一度意志消沉，常常獨自發愣，默默得流著眼淚，滿心裡只想著。

為什麼？為什麼？

進而怨恨起那肇事的車主，每天找律師研究法律，一心要那肇事者入監獄接受制裁，而不願私下和解，勸也不聽，專心到幾近瘋狂的地步，放下一切工作於不顧。

當然，親愛的人過逝，悲痛是理所當然，是無法用言語來安慰的，但，悲痛的深處不僅是你將無法尋回逝者的音容，更重要的，你還必須對活著的人倍盡愛心。

釋尊在世時，有一個女人她的小孩突然地死了，由於悲傷過度，竟幻想死能復生，而抱著小孩的屍體四處求醫，雖然，眾人都告訴她愛莫能助，但她仍不死心，一天，到了釋尊的面前，哭著說明了來意，釋尊告訴她：「世上只有一種白芝麻，可以起死回生，但必須向家裡從沒有死過人的家裡要才行。」

那女人不禁高興的，挨家挨戶的問：「請問您家裡有沒有死過人？有沒有白芝麻？給我一粒好嗎？」

試問天下有那一家，家裡沒有死過人的？

最後，他疲憊回到釋尊處，極失望的說：「我沒有辦法找到那種白芝麻，」這時釋尊才點破告訴她：「那是當然的事，有生即有死，這是必然的定律，是任何人所不能違反的。」

聽了這話，那女人才恍然大悟的了解了自己的愚蠢。

前面所說的我那位朋友，在經過半年後，才慢慢的接受，人死不能復生，無論如何的悲傷也無法挽回事實，父母若過度的悲傷而影響了身體，反而會使死去的孩子變成不孝，為了不使孩子蒙上不孝的罪名，為人父母應即節哀順便。

克盡己力，做本分事

有一位禪師午飯後，帶著隨侍的小沙彌在寺廟的庭院中散步，突然刮起了一陣風，從樹上落下了許多樹葉，禪師彎下了腰，將樹葉一片片的拾了起來，放在口袋中，一旁看到的小沙彌不經意的說：「師父，不要撿了，我們隨時都會打掃的。」

禪師聽了斥責他說：「傻瓜，隨時打掃，難道就能隨時保持乾淨嗎？我多撿一片樹葉，就會使地上多乾淨一份啊！」

不錯，每一個人應隨時隨地的盡自己的本份，供獻一己之力，切莫因自己職務低，不甚起眼而妄自菲薄。

手指中的小指最不起眼，在日常的生活中，少了它好像也沒有什麼不方便。

但事實上，它也是我們生活中不可或缺的伙伴，如果沒有了小指，就沒辦法拿鐵鎚來鎚東西，投棒球時也無法投的很遠，倒立時，更是無法平衡身體；所以，小指雖然看起來其貌不揚，卻有其一定存在的必要性。

愈是精準的機器，愈是需要各部份的零件，相互精準的運用，以隨時保持調和的狀態，如此才能發揮原應有之功能。

反之，則整座大的機械都必須停擺，而且，假設一小零件鬆落了，若不即時調整，也將會損害其他零件的擺動，故切莫因為它小而不注重它，忽視它。

人也一樣，雖然自己從事的是多麼不引人注意，多麼微不足道，卻都不可自怨自艾，當你盡了一份心之後，你也是推動社會進步的重要分子，重點不在於你的大小，而在於你是否協調的在運作中。

「不捐細流所以成大河」，「不捨細沙所以成金山」，每一份子都是構成大的必要條件。

天上天下唯我獨尊

到處都有膽小懦弱的人，凡具有此種性格的人，大都意志薄弱，遇事畏畏縮縮不敢擔當，且隨時會對自己所做事感到不妥而後悔不已，進而一再自責，將自己拘囿於小小的天空裡，對外界的一切，完全不感興趣。

這類人，絕大部份是在幼年時代，被父母呵護的無微不至，凡事皆由父母代勞，養成了看父母臉色的習慣，只會做些不讓父母擔心的事，對自己的未來從沒有打算，有如被眷養的動物一般，不能表達的意志，終生無所適從。

在日本明治初期，有一位著名的相撲家，名叫大波，大波不但體格強壯，且精於相撲之道，私下較量時，連他的老師都不是他的對手，但在公開比賽時，卻靦腆的連他的弟子也打不過，大波為此苦惱，而想求教於一位禪師，於是便前往叩見白隱禪師，說出了他心中的結。

「你的名字叫大波。」

這禪師指示說：「那麼，今晚就在這廟中打坐過夜吧，想像你是那巨大的波濤，而非一怯場的相撲手，是那可以横掃千軍，吞噬一切的狂濤巨浪。」

禪師休息去了。

大波開始打坐，嘗試觀想自己成為巨浪，起初，雜念紛飛，漸漸的對波浪愈有感應，夜愈深而波浪愈大；波浪捲走了瓶中的花，連佛堂的佛像也淹了，黎明尚未到，只見海潮騰湧，廟已不見了。

天明，禪師發現大波仍在打坐，笑了笑拍了拍大波的肩膀。

「現在再也沒有什麼可以阻擾你了吧！今後，你將可以横掃一切。」

這天大波參加相撲比賽，大獲全勝，從此再也沒有人可以打敗他了。

一切的怯弱，源自於心中的無明，放下心中的種種不悅經驗，再向前衝時，你已是一匹黑馬。

釋迦牟尼佛誕生時，腳踏蓮花座，一手指天，一手指地，口中說道：「天上天下唯我獨尊」。是告訴我們：「天下天下沒有比我們自己更尊貴的了」，不是要我們驕傲，而是要我們，凡事都要有自信，有了自信才能成功，才能成就萬法。

風動，旛動，仁者心動

六祖禪師侍五祖弘忍於東禪寺。

經一偈文「菩提本無樹，明鏡亦非臺，本來無一物，何處惹塵埃，」

得五祖印可，而傳法衣並囑之南行弘法，經十五年的蟄居狩獵隊中，遂往廣州法性寺印宗法師處聽講涅槃經，時因有二僧議論風動、旛動，故進而指出非風動非旛動，而是「仁者心動」。此一公案流傳至今，仍為習禪者津津樂道。

「仁者心動」，是謂無論是風在動或者是旛在動，基本上只是一個假象。

當風不動了當然旛也不動了，風與旛是因緣聚合才產生互動的，認知了這點後，你就可以知道，無論是風動風停或是旛動旛止，實際的本質是你的心動了，是你的心在分別它，動與不動。

「心」若能做到不起分別，對外境的種種幻想，不起幻念，不取不捨不染，即成佛道。

現代中常常遇事時，用自己的立場，對某事亂加判斷其價值，明明是一件很簡單明瞭的事，卻非要冠註一些莫名的理由，使其變的複雜不堪。

某人結伴登山踏青，三人沿途說笑快樂消遙。

走到山頂處，三人不禁興起，便席地而坐，把帶的肉乾、水果拿出，就擺起烏龍陣，天南地北說個不完，這時，有一個人忽然看見對面另一個山頂上站著一個人，背著手向遠處眺望，於是，就問另二人，你們看！那個人在那幹什麼？

某甲說：「看他兩手背著，一副心事重重的樣子，我想一定在想事情，」

某乙說：「不對，不對！我看他一下左看一下右盼的，一定在等人，」

某丙說：「差唉，差唉！我看他一副仙風道骨的樣子，時而檯頭時而低頭，我想他一定是位高人，在那兒參禪省道。」

三人為此爭議不休，於是決定前往問個清楚，三人到後，派一人代表詢問：「朋友，你在這裡作什麼？等人？想心事？還是參禪？」

那人回答說：「沒有啊！我只是站在這兒，看看風景休息一下而已！」

原本是觀賞風景的雅事，卻被人看成等人、想事、參禪，人心的活躍可見一般。

所謂心不動，不起幻念，不取不捨不染，不是說對事物的善惡好壞不加分辨。而是說，看一件東西要看其本質，譬如看到桌子，就是看到桌子，不要去想它的質材，更別聯想到椅子，看到就看到了，不要去分別這桌子的好壞，樣式好不好看，看完就過了，心裡不要留下桌子的影子。

又如有人莫名的對你叫罵？罵就罵吧！你不要去想他罵什麼？為什麼罵？更別動怒反唇相激，在他罵完的同時，「罵」這件事與罵的這個人就過了，心裡不留下任何影子與怨恨。

事實上，你沒有任何損失，有的話，也只是肉體與物質，你的「心」卻一點也沒有受影響而改變，如此才謂是「如如不動」。

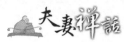

禪話、禪意、禪心

從前有一位商人，他非常的富有，不論是他的財富、地位、學識、能力、權力，甚至他的外貌都是無人能比的，可是他並不快樂，每天都是鬱鬱寡歡，因為他連一個知心可以談話的朋友都沒有。

應酬時雖見他縱橫全場，談笑風生，辦公時見他指揮若定，可是他真得一位朋友也沒有，於是他去請教一位禪師，如何才能具有魅力，贏得別人的歡喜，交到好朋友。

禪師告訴他說：

「如果你能隨時隨時地保持一份慈悲的心；日常中多講一些禪話、聽一些禪音，做一些禪事，用一點禪心，如此就能變成具有魅力的人了」。

那商人接著問：「怎麼講，才叫做禪話？」

「所謂禪話者，就是說些別人喜歡聽的話，說真實的話，說謙虛的話，說幽默的話，說利人的話。」

「禪音，又是怎麼聽呢？」

「禪音，就是化一切的聲音為微妙的音聲，把辱罵的聲音轉為慈悲的心聲，把批評的音聲化為鼓勵的讚美，凡一切哭鬧聲，吵雜聲你都能不介意，那就是禪音」。

「禪事該如何做呢？」

「禪事就是布施的事，慈善的事，有益於國家、社會的事。」

「那禪心究竟又是什麼心？」

「禪心，就是你一如的心，聖凡一致的心，包容一切的事，善利一切的心。」

商人回家後，痛改過去的驕傲，不再自恃財富盛氣凌人，總是關懷謙讓。不久，就被大家所接受、親近，成為最具魅力的人，很快的就交了很多好朋友。

「禪」不是理論，而是生活，生活中到處有禪。

如果行住臥間都能保持有禪心、禪事、禪音、禪話，那在人生的旅途上真是無往不力啊！

真空妙有

佛教經典浩稱有三藏十二部，而整個三藏十二部經典中所提的，其內容不超過金剛經所言，若再濃縮起來，不過一篇僅二百六十八字的心經，而心經中所闡述的重點即在「色不異空，空不異色、色即是空，空即是色」此十六個字，若再精簡，即是一個字「空」，而「空」正是佛教教理所闡述的重點。

那何謂「空」呢？

「空」並不是沒有，而是「妙有」。

「空」是不自性，因一切的事物都是因緣聚合後，才產生下的產物，如：人的身體是由四大風、火、水、土聚集而成的，（風是呼吸，火是體溫，水是血液，土是肉體）當或缺其中一項時，「人」就不在是「人」了。

再如眼前所見的山是土石所堆積的，湖泊是凹地積水而成，桌椅是木匠用木頭所釘製成的；如果把土石散開則不復成「山」，把水抽盡了復成凹地，「湖泊」在那？再把木板一片片拆下，「桌椅」又何曾存在呢？

凡形體可見的，可簡稱為「色」，又因為他們只是「因緣暫時的聚合」，並不是恆久不變的，所以說它是「空」，前述「色即是空，空即是色」即是此理。

為何說「空」，不是沒有，而是「妙有」呢？

如眼前的一杯水，遇火加熱煮沸即成水蒸氣，再也見不到水的影子，這並不是說水就真正消失成「空」了，當水蒸氣遇冷時，水的影像又會重新顯現。若再懂得化學的原理話，可知，水是氫氧的化合物，經過電解可分出氫、氧，水是經氫氧聚合時才會有的化合物，氫和其他聚合則不產生水，而是其他物質，氧也是一樣，依此類推，宇宙萬物，無一不是因緣暫聚而成的，因緣合則生，因緣滅則散，此即「妙有」。

是自滿，還是滿了？

在現代的工商業中，一切講求速成，街道上掛著林林總總的速食餐飲，速成汽車駕駛訓練班，速成語文補習班等招牌。殊不知速成雖然可以節省很多的時間，但往往成就的僅僅是浮面的而已，更有很多的事情是速成不了的，唯有踏踏實實、完完整整的去做，才能有所成就。

更有一些人容易自滿，學得了一點事物，便自滿的以為，自己是多麼了不起的人物，到處自誇自已有何特殊的見地，簡直快忘了「我是誰」？

有位學僧在打坐中，初見瑞相，就以為自已到了何種境界，就跑去對禪師說：「師父，我在您座下也已有幾年的功夫了，我自覺已經學夠了，現在想向您告假，希望師父能允許弟子外出雲遊行腳。」

禪師一聽，很不以為然地說：「什麼是夠了？」

學僧回答：「夠了，就是滿了，再也裝不下了。」

禪師聽了這話，就要這學僧拿一盆石子來，學僧照做了。

禪師對學僧說：「你覺得這石子裝滿了嗎？」

「滿了！」這學僧回答。

禪師隨手又抓了幾把砂子摻入盆中，一粒砂也沒有滿出來，又問：「滿了嗎？」

學僧回答：「滿了。」

禪師又抓了把石灰，摻入盆中也沒有滿出，又問學僧說：「滿了嗎？」

學僧回答：「滿了。」

禪師順手又倒了一杯水，裡面的石子、砂、石灰也都沒有滿出來，禪師又倒了二杯、三杯，依舊沒有溢出一點東西。

禪師又問學僧：「滿了嗎？」

學僧這時才領悟出禪師的用心，慚愧的不敢回答。

自滿，不肯花時間下苦功夫，只想速成就如同，用石子將盆子裝滿一樣，很快的，盆中就已裝滿，容納不下其他的石子了，但，是真正的滿了嗎？

不，盆中仍舊有其他的空間，可以容納砂子、石灰和水。

只有真正的下功夫，一點一滴的充實，踏踏實實的用心，如此才能真正學到東西，且沒有遺漏。

對天唾沫，沫自墮地

在人的社會中，人們群體而居，相互往來，造成誤會而引人非議就成了不可避免的。既然非議無可避免，那如何安適自己的心裡使自己不受影響，就成了現代人必學的課題。

反唇相譏是下等人的作法，而且也不見得可以平息風波，讓我們看看上等人的作法吧：釋尊在世時，由於他高貴的情操，得到很多人的認同與好評，因而引起其他外道的忌妒，一日，釋尊與弟子到某村莊傳教，外道們聽到這消息，立即糾合了很多人，在釋尊經過的街路上，大聲叫囂喧罵並散佈許多謠言。

有弟子建議：「偉大的釋尊，在此被人叫囂、辱罵，不如我們到另一個城鎮好了！」

釋尊問：「如果別的地方也一樣呢？」

「那我們再往別的地方好了！」弟子回答說。

釋尊這時正色的向弟子們訓誡說：「遇到事情時，如果光是迴避並不是真正解決問題的辦法。如果受到唾罵，我就一直忍耐到他們不再唾罵為止，一個開悟的人，是不會受毀譽褒貶所動搖的，因為這些事將很快地就會過去。」

某店主是虔誠的佛教徒，一生最最推崇白隱禪師。

一日，那店主未出嫁的女兒竟懷孕了，店主生氣的逼問女兒，「對方是誰！」，逼問情急之下，女兒想：「父親是最尊敬白隱禪師了」，為了不多受烤問，就信口說：「是白隱禪師！」

店主聽了長嘆了一聲！就不再細問，俟小孩生下後抱去給白隱禪師，並丟下一句話：「這是你的賤種，還你！」

禪師只是應聲說：「是嗎？是嗎？」

沒有多說一句就收養了這孩子，和尚憑空多了個孩子，每個人都投以異樣的眼光看他，禪師卻一乎毫不在乎的樣子，後來店主的女兒，受不了良心的責備，對店主說明了事實的原委，原來孩子是店內學徒的，店主聽了，趕緊到白隱禪師那兒道歉，要求原諒自己的魯莽。

禪師聽了他的話後，仍舊是那句話：「是嗎？是嗎？」

謠言根本無損於禪師的人格，解釋無法將謠言一一闢解，但時間卻可以證明一切。

慎乎愛欲

人有三毒貪、瞋、癡，此三毒皆因「無明」而起，而執於「愛欲」。

沒有什麼比「愛欲」更能令人心苦的，愛欲之心一發則無法收拾，「理智」也因此常被「愛欲」的大海淹沒。

報上曾載，一位年輕的現任警察，公務時間內，身著制服，侵入大學女生宿舍，犯下了性侵罪，引起了各界的震驚而一時輿論譁然洛陽紙貴，根據他的口供表示，在他的犯下這滔天大罪時，完全忘記了自己的警察身份。

足以證明一個人在情慾煎熬下，是完全喪失理性不能明辨是非的，被本能所驅駛，即便是殺死對方，也要滿足自己的慾望才肯罷手，由於罪犯本身是一名警察，所以引起各大報的爭相報導，諷刺、討論的輿論不斷。

其實，不管是何身份，魔性的突然發作，任何傷天害理的事，也照樣幹得出來，為逞一時之快，而斷送了大好的前途，真是令人挽惜。

克制愛欲的困難，經典中曾一再告誡，唯有了解其真正的「不究竟」面，才能真正控制不犯。

泥巴弄濕，丟向牆壁會在牆上黏貼定下來，但也知道有一天泥巴乾了，它會再掉下來，但是，往往有很多人，不知閃避，好奇的站在牆下，看它到底何時會掉下來，卻因此而被泥巴打到。

人們明知「愛欲」，就如黏在牆上的泥巴一樣，明知它乾了會掉下來，卻又被它打到。泥巴打到只是皮肉之傷而已，但，如被「愛欲」傷及輕則傷身，重則一生都不可挽回，豈不慎行……。

把握當下

從前，有一個旅人獨自在荒野中走著。

突然，發現一頭瘋象正向他背後急奔而來，驚惶中，旅人飛也似的向前逃跑，跑著跑著，他忽然看見前面有一口井，跑近一看，井口恰有一條葛藤垂向井底，於是，他連忙攀著葛藤掛在井中，以逃過瘋象的追逐。

正要鬆下一口氣時，卻發現井底下，有著四條毒蛇，口中噴著毒火，向他昂首吐信，正想向上爬時，抬頭一看，只見有無數的黑、白老鼠正拼命的在咬垂下的葛藤。

此時的旅人，真可謂是前進無門，後退無路了，不禁心頭一涼，就在此當兒，有一種似蜜的東西滴進了他的嘴裡，他如獲至寶貪婪的舔著，竟完全忘記了當前所面臨的困境。

這是摘錄自「雜寶藏經」中的故事，釋迦牟尼佛將一個人一生的命運，巧喻成旅人的遭遇。

旅人恰喻為人，是這個世界的過客，荒野意謂為迷惑的世界，葛藤為人的生命，井底為地獄、死亡，四條毒蛇為構成人的四大要素——風、火、水、土，毒蛇口中所噴的毒火代表疾病、衰老，黑、白老鼠代表白天和晚上，蜜是代表人世間風花雪月的短暫快樂。

這故事暗示我們每天都受無常的風所追趕，受迷惑而感痛苦，卻因一時的快樂而常常忘記現所面臨的危險，並在不知不覺中，接近死亡。

的確，人的一生是短暫而虛幻的，儘管你如何養生，終究死亡是免不了的，如何能不虛此生，唯有充份的利用，努力、再努力！

烏雲輕移，漸漸遮住了此時閃亮的星星，但，另一邊的星光卻依然閃亮的，正如同生命的此起彼落，消逝的片刻，究竟曾為世上帶來些什麼？這是耐人尋味的問題。

但卻沒有傷感的必要，緬懷過去，更別忘了策勵將來，常常給自己追溯反省的機會，把握時間妥善利用人生之旅。

日日是好日

在火傘高漲汗如雨下的夏季裡，常聽人喊：「熱死了，熱死了，真吃不消！」冬天寒風凜凜，身穿棉襖，仍不住的抱怨，若再遇到下雨，就更不會有好話出口了。像如此習慣於怨天尤人的人，委實不少。

其實天氣的變化是大自然的現實，無論再如何的抱怨，也無法使其作一丁點的改變，與其抱怨連連怨聲載道，又何不如改變一下你自己的心情，換一個角度去感受這大自然的賜予呢？

有一首禪詩是如此寫著：

「春有百花秋有月，夏有涼風冬有雪，若無閒事上心頭，便是人間好時節。」

細細品味其中的含義。人只要不抱著過份的奢望，心中隨時保持一份閒靜，一切的一切，絕不會像想像中的那麼難捱。

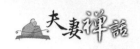

佛教的教理中強調：「萬物唯心造」。

眼前所看到的一切現象，都是因「心」而產生出的幻覺，隨著心中的起伏產生出各種不同的感覺，或喜或悲，或好或惡。

或許你們大家都曾有過如此的經驗：經過一場的場所，而在不一樣的時間，卻有兩種不一樣的心情與感覺；同樣的公園，不同的時間去散步，也有著不同的感觸，為什麼？是地方改變了嗎？不，它沒有改變，改變了的只是你的心，你善變的心。

只要我們隨時保持一顆不被外境所擾的心，隨時隨地，我們統統自自在在，不怨天不尤人，正如禪僧雲門所說的一句話：

「若無閒事上心頭，日日是好日。」

福禍雙至

古時候，某地有一個年輕人，他平生最大的願望就是：願上天能賜予他最大的幸福。

為此，他日復一日，虔誠得向神佛祈禱，他的誠心終於感動了帝釋天，一天夜裡，他聽到有敲門聲，當他把門打開時，赫然發現門外站著一位美麗非常的姑娘，這時，這位美麗的姑娘開口了，她的聲音非常的美妙，有如黃鶯出谷一般：

「我是負責管理幸福的女神，是吉祥天。」

年輕人不禁喜出望外的，立刻邀請她進屋裡坐，吉祥天含笑的說：

「請等一等，我還有一個妹妹，她跟我是形影不離的！」

隨即介紹站在身後暗處的妹妹。

當年輕人看清她的面孔後，不禁大驚失色，世界上怎麼會有如此醜的人。

他疑惑的問道：「她真的是妳的妹妹嗎？」

吉祥天嚴肅的回答：「我剛剛已經介紹過了，她就是我妹妹，叫黑暗天，是掌管不幸女神。」

年輕人聽了連忙懇求道：「只要妳進來就好，請黑暗天留在門外好嗎？」

她回答道：「你的要求恕我無法接受，因為我和我的妹妹從小到大都是形影不離的。」年輕人聽了大感苦惱，而遲遲不能決定。

這時，吉祥天說話了：「如果你還是難以決定，那我們倆就告辭了。」就當年輕人還在進退兩難時，她們很快的消失了。

這是記載於『阿毗達摩俱舍論』中的故事，說明幸與不幸根本就是一體的兩面，是分不開的。

誰都渴望幸福、吉祥、如意，然而世事則未必皆能盡如人意，當你沐浴在幸福，人人羨慕的日子裡時，誰又能保證無意外之災呢？

無論遭受任何幸與不幸的事，千萬不要為現境所迷惑，要抱著希望為未來而奮鬥。「冬天來了，春天還會遠嗎？」讓我們充滿信心，不是每天都是寒冬。

事情的善惡好壞，全在一念之間，事情的演變，全靠自己如何安排處理，揚棄心理上對於幸與不幸的分辨關係，一切自然天成，如此人生才會豁達樂觀，視野也才能廣闊。

一掃塵埃方現自身光芒

釋迦牟尼在未開悟前，曾在雪山苦行林中，日進一麻、一麥的苦修，參究其所得的學理，後又體悟剋苦修持，徒得瘦骨一把，並不能使人真正開悟，於是便離開了苦行林，在菩提樹下，結跏趺坐，並發出堅強弘大的誓願：「若不成道，寧可碎身，絕不離座」。

在十二月初八夜，黎明前，於靜坐沉思中豁然徹悟，悟入人生實相及宇宙間一切萬有的常與變，而證得無上正等正覺，那時，天空的明生閃耀，仰頭嘆道說：

「一切眾生皆有佛性，它本是清淨光明的，但，因被世情所蒙蔽，故未能覺悟，若能將迷妄去盡，則佛性顯現。」

就好比明鏡，一時被塵埃所遮蔽，一日拂去塵埃，就可以看見我本來的清淨面目，是多麼的光明、自在了。

那「塵埃」又是什麼呢？

「塵埃」就是色、受、想、行、識——五蘊。通俗的說法：一切我們所能看見的東西叫「色」，而看見後所產生的感覺叫「受」，因感覺後所進行的思考叫「想」，想過後進而採取的行動叫「行」，做完後而產生的記憶、思考叫「識」，這五蘊源自我們的五官眼、耳、鼻、舌、身所產生出的感觀。

人類需依靠這本能生活，使我們能分辨一些事物，但這些的分別，卻也累積了一些經驗，而這些經驗產生了我們的執著，而這些執著正是真正使我們蒙蔽心靈的塵埃。

執著於事物的好惡時，常會使我們於事前產生先入為主的觀念，而事先迴避掉一些我們所認為不好的，（但事實上卻不見得是不好的，只是我們的經驗，告訴我們的意議，而是生出不好的價值判斷，也即是「所知障」），正因如此反應，反而使得我們見、聽不到好的聲音，阻礙了進入光明的圓覺之道，佛性因而蒙塵。

事有輕重緩急

事分輕重緩急，聰明的人一接手工作，即知該馬上辦那些事，那些事又可以暫緩處理！而不致被工作整得手忙腳亂毫無章法。

生命的意義也是如此，每天像無頭倉蠅般東奔西跑，理不出頭緒，問他在幹什麼，回答說：「不知道！只是很忙！很忙！」語氣中還帶有點成就感。

唉！真是愚蠢的人呀！殊不知，這是在浪費生命，注定將一事無成，含恨而終。

釋尊曾比喻說：「假如有一個人被毒箭射中而受傷了，這時候，對他來講，最重要的事是如何把毒箭拔出來，治療他的箭傷，而不是馬上追查出射箭的兇手是誰？馬上追查兇手的結果是，毒發身亡。」

凡事要先想清楚自己在幹些什麼？第一重點目標又是什麼？搞清楚了理出頭緒來，有困難再一件一件去克服，當你件件都處理好時，離成功也就不遠了。

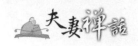

禮敬眾生

有次，唐太宗對玄奘法師說：

「朕想供養僧寶，但是聽說現在的出家人大都沒有修行，奈何！」

玄奘法師說：「崑山有玉，但含有泥沙；麗水產金，也都滲有瓦礫，羅漢金身還是土木雕成的，對他恭敬則福德生，銅鑄的佛像金容，毀之則有罪業。泥龍雖不能降雨，但祈雨須向泥龍；凡僧雖不能降福予人，但是修福還須禮敬凡僧。」

太宗恍然大悟說：「朕今後雖見小沙彌，猶如敬佛。」

平時我們也有同樣情形：

「我不是不願意孝敬他老人家，而是他不值得我去尊敬。」

「並不是我不願意捐獻，說不定那些管理捐款的人會貪污。」

「倒不是吝惜那一點小錢，而是現在的假乞丐太多了，姑息養奸。」

我們知道，這個不完美的社會，能有幾位完美的人能令人由內心裏崇敬？而且果真所有的捐款都會落入私囊？也只不過是幾塊錢的佈施有需要花那麼多的心血去研判對方真假嗎？

我們也了解，完美的德性是在勉為其難和任勞任怨之中歷鍊出來的。寬容，仁慈的美德是在忍受對方的缺點的同時才益顯得醇美，所以接物儘可以不苟，待人則需涵養。

孝敬尊長，佈施財物，並非接物，而是待人，這是情感事情，未必需要理性思考和哲學理由來支持自己的行動。

大善人不擇老，弱、殘、缺、乞、丐、孤、寡，也不容許自己以懷疑的眼光去計量對方。

大海不擇細流故能成其大，修身齊家還得處處體諒與包涵，高風亮節是從貪贓枉法的惡境中修來，華美的宮殿都是磚瓦土石所造，照耀千苦的德行來自簞食瓢飲，成大功立大業必須降服聖賢才智，平庸愚劣，因此人間最困難之事、最困苦之事，一般人不願做的事，正是磨練志節的地方。

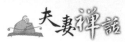

習氣與信念

大慧禪師在深林裏修行時，有位剛從沙場上退役下來的將軍，欣聞佛法有意隨禪師出家，但是又說必須等自己的惡習除盡才行。

大慧杲禪師知道他習氣很重，所以平日裏也只同他說些佛法、公案，並不勸他出家。

有一天，將軍一大早就來到寺裏，在禪師面前說：「除卸心頭火，特來參喜禪。」

大慧杲禪師只是微微一笑道：「緣何起得早，妻與他人眠。」

將軍悠然大怒曰：「出家人嚴守清規，為何信口開口？」

只此輕輕撥扇，爐火又起燄。

禪師笑答道：「出家還早呢！回去再修幾年方可談出家。」

在一個小村裏，有一位非常有錢的老太太，她經常到廟中發心供養，每次在佛像前頂禮問訊時，都問說：

「我的年紀已經一大把了，您要什麼時候來接我都行，南無阿彌陀佛。」

漸漸的這句話變成她的口頭禪，每次都會脫口而出，在這個廟中有個很頑皮的小和尚，經常喜歡捉弄人，有一天，這位老太太又來了，小和尚就調皮的躲在佛像後面，當老太太和往日一樣頂禮後，唸到：

「什麼時候來接我都行……」時，佛像竟然說道：

「老太太，那麼就今晚請您來吧！」

老太太突然驚叫一聲，就昏過去不省人事了。

我們並非曠古絕今的天才，也不是天下無我即不能運轉的重要人物，因此沒有高深的智慧來思考絕大的事件，也沒有堅強的心地來做大決定，並且在決定之後常不能以強韌的毅力去貫徹。

一般人的心中只是想些眼前的事，做一些淺薄的思考，因此說與做，也只代表一時的思想，等到事過境遷，自然會感到以前想法未必具有崇高的意義，也正因為思之不深，挫折必多，而感到覺今是而昨非，出家的決定可以在一念之間變成無意義，乞求阿彌陀佛的接引，往西方的願望，一旦付諸實行也必定容易輕易的被擊潰。

做事、學佛都是一樣的道理，「確信」、「確行」是必備的條件。

以戒為師

無論你身處多麼高的地位、擁有多少的金山銀礦良田百頃，或者有三宮七十二院，如花似玉般的妻妾，死亡仍就是無法避免的，從古自今、古德聖賢也無可逃避，唯有勇敢的面對與平靜的接受而已。

釋迦牟尼在老年時，曾爬上一座丘陵，對弟子阿難說：「能夠像今天，這樣安靜地站在這裏，說不定是最後一次吧？」

眾弟子心裏頭都想著：「不會吧？」等接受完一位鐵匠的供養後，釋迦牟尼就病倒了，他還忍著痛苦，和弟子們來到一個村莊，釋迦牟尼就對阿難說：「我覺得很疲倦想休息一會兒，你在樹底下替我鋪個床吧！」

阿難照著吩咐做後，釋迦牟尼隨即面向西方地躺了下來，這時阿難才覺察師父的大限之日可能不遠了，難過地走向一旁，心想：「我要跟師父學習的東西還很多，現在師父卻要丟下我，先走了。」於是傷心之餘，忍不住哭了。

釋迦牟尼看到阿難躲開他，獨自神傷的背影，便把他叫到臥榻邊來，對他說：

「阿難，不要悲傷，我不是時常教誨你們「諸行無常」嗎？彼此再敬愛的人，終是要分開的，人有生就有死，阿難，你跟隨我已經這麼久了，一直都在我的身旁侍候我；我由衷地感謝你，但你要更加努力，以達到目的。

阿難，你們之間或許有人會認為『師父就要逝世了，我們快要沒有師父了』，這種想法是錯的，我的肉體雖已就此滅亡，但我的教言卻將永遠地留在世上。

看到我的肉體，並不表示就真正的看到我；信守我的教言，才是真正的看見我。

我死了以後，我所說的教言和戒律，才是你們的師父，你們要好好的，把它當成你們的師父。」

弟子們嚴肅而沈默地聽著，釋迦牟尼繼續說道：

「你們要聽清楚，世上是多變的是無常的，精神不可鬆懈，要努力精進求道。」說完之後即安詳進入涅槃。

的確，生活中彼此同起同坐的人，一旦其中一個個離世而去，對生者而言，是一件很殘酷的事，自然會感到莫大的痛苦，這雖是人性之自然流露。但無情的死神，不管你是如何的悲慟，照樣要將我們身旁最親愛的人一個個拉走，任誰也無法挽留他們。

釋迦牟尼在『涅槃經』裏說：「不實行我教言的人，雖然就在我的身旁，我卻會覺得他好像離開我很遠；相反的，能實行我的教言，儘管人在很遙遠的地方，可是我卻覺得到他猶如在我身旁一樣。」

因此，失去自己最愛的人，不要太過悲傷，只要你勿作出讓他失望的事，他將永遠地活在你心底。

哪來的暴躁脾氣

人人都有自尊，尊重他人就等於是尊重自己。

一個隨意口出惡言的人，無論是個怎樣英俊的男士或貌美的小姐，都會令人望而卻步，不願去接近。

平時與人交往，若能時時以誠待人，必能得到相當的回報。

但，若遇到有歇斯底里的人，雖然你誠心與其打交道，他卻時常無端藉故發怒，毫無示警的讓人無所適應不知如何是好，所以，與此種人相處，必格外小心，否則，常會遭遇尷尬的場地。

一位鄰居的太太，只要一生氣，無論在任何的場所，會毫無顧忌的對他先生大聲叫罵，像罵孩子一樣，並會把所有看得見的物品，摔得粉碎。

但，平時與她相處時，個性極為隨和顯得很有人緣，很奇怪，只要她遇有不順心的事，態度馬上一變，翻臉跟翻書一樣，如果這時有人想居間調解的話，那真不啻是火上加油，會更加添她的怒火，愈發不可收拾。因此，鄰居們，一看到她生氣，都立即藉故溜走，免受池魚之災。

盤珪禪師有天接見一位客人時，這位客人一進門，即一臉苦惱不堪的樣子，向禪師問道：「大師，我不曉得為什麼？從一生下來開始，我就脾氣暴躁，一點芝麻小事，也常會讓我生氣半天，我為此常感到很困擾。」

禪師看了看他，故作好奇狀的問：「喔！你生下來，竟帶著此種有趣的性格，請問，今天將「脾氣暴躁」這種奇怪的東西帶來了嗎？有的話，不妨拿出來看看，讓我好好的替你治治。」

客人搖頭的答稱：「這東西是沒法帶來的，而是在有事情發生時，它才會不經意的渲洩出來。」

禪師聽了生氣地說：「既然拿不出來，可見你的暴躁脾氣，並非生下來就有的，而是遇到事情時，你才會發作出來，如果在那時，你懂得克制自己，那裡會有什麼暴躁的脾氣，你將自己暴躁的脾氣，責任都推給父母，欲陷父母於不義，你真是個不孝子。」客人聽了，良久說不出話來。

脾氣浮躁易怒的人，要想追求心靈的平和，必得先學學白雲冉冉，寂然不動的天空，感受白雲的優雅，洞悉虛空之浩瀚與包容，如此才能自得內心的寧靜，一味苛責他人，不反省自己的過失，那是緣木求魚是不可能有效果的。

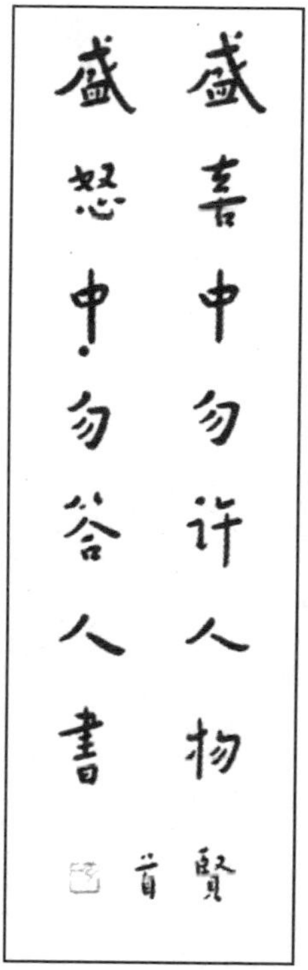

深淵水清，如靜

溪底鋪滿石頭的淺溪，水聲潺潺，而浩浩的大海卻靜靜的流動著；小河裡的魚，只要外界稍有動靜，就會驚起跳躍，而深淵裡的大魚，卻從不輕舉妄動。

陀螺當其旋轉的最快時，看起來是呈靜止的樣子，但，到了末了要停下來時，卻會搖擺不止，人在工作時也一樣；當全心投入工作時，會像陀螺般呈靜止狀態，但不專心左盼右顧混時間時，就會裝模作樣的晃動不已。

「法句經」裡說：「深淵水清，如靜。」有智慧人，不會因小事情而緊張兮兮，能冷靜的判斷思考，以度過難關，不像笨的人只顧眼前錯失大局。

某會議中，因某人的強硬插嘴，而使整個會議弄砸了，因為他的自我意識太強了，固執己見，一定要會議接受他的意見，如果不接受，則忿忿不平，用盡心思要將會議鬧翻。這種成事不足，敗事有餘的人，無論任何的組織團體裡，都不可能被重用。

社會上的人，大致可分大器、中器、小器三種類型，無法一眼分辨，卻能由他處事的態度與舉措，做一了解。

大器之人：對於工作即使有所不滿，也能平心靜氣的接受，絕不拖泥帶水。該做就做，也不會因此事在別人的眼中是毫無價值的，而左右了他的心意；該說話的時候絕不支吾了事，不該說話的時候就保持沉默，是識時務知進退，天生的領導者。

中器之人：平常看起來與大器之人，並無太大的差異，一旦遇到不尋常的突發事時，心志就會動搖、舉箸不定，並隅有怨言發出。

小器之人：缺乏對世事的眼光，沒有遠見，並以自我為中心，稍有不滿則大發牢騷，不愛護團體到處惹事生非，且不但不會把握自己，也不懂接受他人的指導與保護。

上述，相信大家已經可以了解，自己是屬於那類的資材了，努力吧！

當人家不接受時，只有自己拿回去

每個人都喜歡受人稱讚，而不願被人非議，但，世間事往往不能盡如願，有人因自己受到惡評而感到氣餒，無法繼續工作，甚至自暴自棄。

其實有人非議，是社會上常有的事。

如「法句經」中：「單單受人非議而無人褒獎；或單單受人褒獎而無人非議；過去未曾有，現在沒有，未來更不會有，這事自古至今未曾改變。」

「沉默受非難，多言受非難，少開口也受非難，世上無不受非難者。」恐怕連人格超然的釋迦牟尼，也總免不了受很多的非難與誹謗呢！

釋尊在世時，一個外道因為妒忌其擁有的名譽，於是故事在他面前大聲叫罵，可是無論他怎麼的喧囂嚷叫，釋尊始終保持沉默、不予理會，直等到他罵夠了、罵累了，這時，釋尊才問他說：「朋友，如果有人送你一份禮物，而你卻不想接受的話，請問，這份禮物應該怎麼處理呢？」

那外道不加思索的說：「當然要還給那送禮的人！」

釋尊聽了，立即笑了笑說：「對了，剛才你對我的叫罵，可是我並不想接受，那麼這個贈禮，要還給誰呢？」這一反問，使得那外道無言以對，剎時，慚愧心一起，反而覺得自己太過份了，立刻向釋尊頂禮問訊，並表示道歉，從今天起再也不敢如此對人放肆了。

釋尊對弟子說出這段經歷，並訓誡他們說：

「受他人責難，即想反唇相譏，此事雖為人之常情，卻也是一逞口舌之快而已！如同對空吐痰，不但不能傷害對方，只是反濺自己，自取其辱，傷害自己罷了！」

別人對自己的非難批評，如言所實，則虛心領受；若言虛誑、則不予理會，如同虛空，切莫一逞之快。

常有人受到讚美，則竊竊自喜飄飄欲仙，其實這是不必要的，其中可能暗藏又引憂。日蓮上人在其「開日鈔」中曾說：「被愚笨的人讚美，是莫大恥辱。」

無緣無故被人褒奬時，就得小心提防才是，若一時得意忘形，無妄之災必接踵而至。為人行事，若能無視他人褒貶，如如不動，默默的完成自己該作的事，這才是我們所企求的理想境界。

自己成就自己

有許多人往往只會動動嘴皮子，到處支使這應該怎麼做？那又應該如何做？卻從不肯自己真正的動手去做。而另一方面卻又一直希望別人能肯定他的價值，否則，就大嘆時不我予，時運不濟，從來不去反省自己的所作所為。

日本天龍寺的峨山禪師，一向都是自己清理穿的鞋子，一直到老年也從不肯假他人之手。

有一天，一個信徒很詫異地問他：「老禪師是人上之人，鞋子是小事，何必非要自己親自動手不可呢？有這麼多的弟子，隨便找一個人，要他們處理，不就結了嗎？」

老禪師回答說：「我就是要把我的弟子，訓練成比我更高超，所以絕對不能讓他們替我整理這些小事。」

類似的故事還有。

像道元禪師在天龍山修行時，一日午飯後，信步的到處走著，突然地看見艷陽下有一位老和尚正在曬香姑，於是道元禪師很同情的問他：「老和尚歲數多大了，」老和尚回答稱已有六十八歲了。

道元禪師說：「這種工作讓年輕人做好了。」

老和尚回答：「他人要做的，亦即是我要做的。」

道元禪師說：「那也不必一定要正午的時間做嘛！」

老和尚馬上回答他：「曬香菇不在大太陽底下做，你看！該什麼時間做，比較好呢？」剎時，道元禪師無言以對。

美國總統——羅斯福曾說：「儘用自己的力量，去完成一件事，即使不成，也比空口白話來的強。」

「確定好自己的目標，做好工作計畫後，就要堅守原則，立即去動手做」，任何的成功都是必須按照此步驟完成的，光說不練是沒啥用的。

某僧問禪師：「如何是佛」答曰：「吃飯、喝茶」。

像日常生活中，小如吃飯喝茶的事，都無法請人代勞，而必須自己去做才能達到效果，那有什麼大事！可以經他人手而可以成就的呢？

言語的力量

隨意的信口開河，說些不負責的謊話，有時常會造成不可挽回的遺憾，或許您只是覺得小謊，無所謂嗎？

但，事實上為了圓前一次的小謊，你卻必須說更多的謊言，以保持你的話的圓滿。如此，終會造成不可收拾的局面。

不過，善意的謊言，則可以節省不必要尷尬，為我們帶來好的人際關係，例如：

有位女同事，每天一上班，進門就問：「你看，我今天漂亮嗎？」

通常這時不能老實回答說：「普通啦。」這樣的話，她整天上班都會覺得不愉快，覺得你很不識趣，這時候不妨撒點小謊：

「你今天看起來很漂亮很有朝氣！」

將會令她十分高興而覺得今天充滿活力，所以善意的謊言有時是無妨的。

對於得到絕症的病人，你若坦白地告訴他真相，他聽到之後，往往會感到絕望，以致於提早結束他的生命。

遇到這種場合，我們應該考慮自己講的話，將會產生何種影響，然後再考慮如何表達我們的意思，但是對別人有害的謊言是絕對使不得的。

哲學大師唐君毅說：

「你應該謹慎你的言語，因為那是你靈魂的聲音。你不能說謊，你說謊不僅欺騙他人，也欺騙自己，你說謊是利用言語，言語將要對你報復，報復的方法是在你須要真實的言語來代表你靈魂的聲音時，你會缺乏適當的言語。」

損人不利己的謊言是不可原諒的，那不僅傷害的別人，而且自己良心不安，這又何苦來哉呢？

知識不在高深

「你怎麼這麼笨？什麼事都做不好？像你這樣怎麼做也沒有用！」

被同學或同事嘲笑，而滿懷苦惱的人一定不少，其實，當你被人誤以為是「愚者」笨蛋時，大可一笑置之；因為在人生的領域中，智者與愚者並非絕對，從某些立場觀之，愚者可能是智者，因此，你如果認真的計較這事，反而顯得你就是愚者。

釋尊在世時，有一個弟子叫般特，由於腦筋遲鈍，常被週遭的人恥笑稱為「愚者」，釋尊很同情，愛護他，特別叫他到面前來，教他一段偈文，並要其暗頌：

「守口攝意，身莫犯非，如有行者，得度世時。」

等他背會了，釋尊又告訴他，這段偈文意義：「嘴巴會造四種罪業，即說謊、一口二舌、出惡言、說虛偽的話，心會有三種罪業貪心、發怒、小聰明。如果能遠離這些罪惡，就可以得到領悟。」般特聽照釋尊的話一一去實行，漸漸的心中的罣礙消除了，終於證得了阿羅漢的果位。

有一天釋尊要般特在五百比丘尼前說法，當中有人不服的說道：「那愚笨的般特，能夠教我們什麼？待會，要好好給他難堪。」

於是大家都抱著看熱鬧的心理等他出醜，不料，他一上法座，即很謙虛的說：「我無才無德，忝為沙門，素來愚昧所學不多，唯知一偈，略解其義，現為大家陳述。」大家聽了他的話，一些原本想休辱他的人，即慚愧的說不出話了。

又有一次，釋尊帶著般特接受國王的供養，但，守門的侍衛，卻說：「讓這種笨蛋進城，會污染了城內。」說什麼也不給般特進城，釋尊不得已只好自己進城，這時的般特，雖人在城外，卻隨時關心著釋尊的行蹤。

當釋尊接受供養時，城外忽然伸進一隻很長的手，拿著缽交給釋尊，國王驚訝的問：「這是怎麼一回事。」

釋尊回答：「這是我的弟子般特的手，因為守衛不肯讓他進城，所以他只得在城外將缽送進來。」

國王奇怪的問：「為什麼？一個愚笨的人，在記頌一段偈文後，即能開悟並獲得神通呢？」

這時釋尊鄭重的告訴國王：「國王，知識的力量不在於多，而貴在於能否實踐，雖然他只懂一段偈文，他卻能深悟其中的道理，並身體力行，如此，他便真正的開悟了。」

「法句譬喻經」中說：「暗頌千句偈文不難，若所學章義不正，尚不如只學一要句，反除罪去惡。」

多話者之過

有些人常常喜歡東家長西家短，到處閒扯蛋擺烏龍陣，或者是，錯把雞毛當令箭的評論個沒完，正經事不幹一件，整天搞得烏煙瘴氣的，無風偏起三尺浪。這種人最最要不得了，什麼事到了他的嘴邊就不得了了，非要加油加醋的議論半天，使得人心惶惶的。

一位居士在江邊散步，正好看見船夫載客渡江的情形。

這時，剛好有一位禪師經過，居士上前行禮，並且請教禪師說：「請問禪師，剛才船夫載客過江，船行時，船在沙灘上輾死很多螃蟹魚蝦。」

請問：「這是乘客的過錯？還是船夫的過錯？」

禪師聽了回答說：「這不是乘客的過錯，也不是船夫的過錯。」

居士不解得再問：「既然不是乘客的過程，也不是船夫的過程。」

居士不解得，再問：「既然不是乘客的過錯，也不是船夫的過錯，那究竟是誰的過錯呢？」

禪師兩眼圓睜，大聲地說：「是你的過錯。」

佛教講求的是用「心」，有話說：「罪業本空由心造，心若亡時罪亦空。」無心怎能造罪？縱使有罪，也是無心之罪。船夫為了生活，賺些小錢；乘客也為了有事過江，縱有殺罪發生也是無心，這不是誰的過錯，而是三者的共業，居士多事，定要歸其罪過，所以禪師不客氣的喝斥「是你的罪過」。

天下事有時也一樣，明明無事可生，偏偏要去執著、分別，誰有罪？

「是你有罪——」

將貧窮佈施出去

過去有一個貧窮的婦人向迦旃延尊者訴苦，說她如何貧苦，如何窮困。

迦旃延尊者就對她說道：「妳既為貧苦而受苦，那請妳不用悲傷，我告訴妳一個辦法，妳可以把貧窮賣給別人！」

「貧窮可以賣給別人？」婦人奇怪得叫起來，她問尊者道：「貧窮可以賣給別人，誰不要將貧窮出賣呢？那麼世間就不會有窮人了，還有誰肯買貧窮呢？」

「賣給我！」迦旃延回答。

「貧窮可以出賣，而且也有你肯買，不過我不懂出賣貧窮的方法。」

「要佈施！」迦旃延開示道：「你要知道，人生的貧富各有因緣，貧窮的人所以貧窮，是前生沒有佈施和修福；富貴的人所以富貴，是前生有佈施和修福，因此佈施是賣貧買富最好的方法。」

婦人聽後，智能開朗，從此明白了致富之道，也明白了修學菩薩之道！

不過，有人會這樣想道：「有錢的人，當然是可以行佈施，像這位貧苦的婦人，怎麼佈施？又拿什麼佈施給人？」

說起佈施，「善財難捨」，很多人總怕人勸他佈施，其實佈施是有多方面的，並不一定非要把金錢物質給人才叫做佈施，就是我們貧窮得一無所有，仍可以佈施。

比方，見到人的時候，就先對他招呼，向他說：「你早呀！」或是：「吃過飯了嗎？」「你從哪裡來？你來得很好！」「謝謝你！」「請坐吧！」「阿彌陀佛！」如能把這些話掛在口邊，不但會有很好的人緣，而且這就是在行「語言的佈施」。

除此之外，見到人時含笑、慈顏、注目，這就是「容顏的佈施」。見到人迷路時，指引他帶他去；見到有人東西拿不動，事情做不了，你說你來幫助他，代他做，這就是「身行的佈施」。見人受苦心生憐憫，見人佈施心生歡喜，這就是「心意的佈施」。

像前面所舉出的語言、容顏、身行、心意等的佈施，只要誰願意誰都可以做到的。佛法不是陳列品、不是貴族的，佛法是大眾化的，佛法是人人都能奉行的。

一般人佈施時，總希望別人向他感謝報答，希望宣揚讚美他的功德，再不然就是覺得自己能佈施榮耀非凡，或是輕賤受施者，假使帶著這樣的心理行佈施，只是世間的善行，而不是佛法裡菩薩所行的佈施。

在佛法裡，行佈施而不覺得有佈施可行，做功德而不覺得有功德可得。其實你不求功德，功德反而大，所謂「有心栽花花不開，無意插柳柳成陰」。

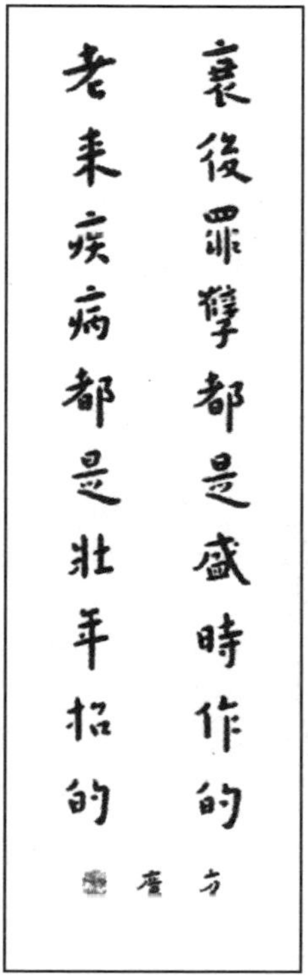
衰後罪孽都是盛時作的
老來疾病都是壯年招的

幸福在轉念之間

《法句經‧好喜品》又云：「恚能自制，如止奔車，是為善禦，棄冥入明。」

意思就是說：有了嗔恚卻能自我控制，有如及時止住奔馳的快車，這就叫作善於駕禦自己的心身，能夠捨棄黑暗入大光明。

我們能夠以人的身分到人世間走一回，應該說是一個不小的福報。能夠一個高貴的身分出現在一個發達的社會、一個比較開明的社會，真得感謝上天有德啊。

生命是一個很奇妙的現象，在芸芸眾生中，你一定是一個很特別的你，一個與眾不同的你，一個絕對沒有雷同的你，你是這個世界裡惟一的獨特的產品。就像是沒有相同的沙子、沒有相同的樹葉一樣，你是上天精心創作的一個另一種命運的人。從這一點上來講：你沒有理由不珍惜這一次失去就不再來的旅行。

有人會說，上天太偏心，為什麼給他那麼多的幸福，而給我卻是這麼多的苦難？我想，幸福是相對的，之於人生來講，你付出多大的苦難，你就會獲得多大的快樂和幸福。有時苦難來得太早，幸福來得太遲。我覺得幸福和痛苦的體驗，都是不盡相同的，不同的人對幸福和痛苦的感覺也是不同的。每個人的幸福感覺也是不盡相同的。甲的幸福對於乙來說可能就是痛苦，甚至是災難。而甲的痛苦對於乙來說可能就是天大的幸福。

體驗幸福和痛苦是有差別的，而且是千差萬別。不同的文化的層次就有著不同的認識，人的背景的不同，其認識也就各有不同。

不論怎麼說，來到這個世界走一遭，並且是以人的身分出現也算是造化不淺了，人活著重要的，是體驗和感受人生，只要你能以苦為樂，你即使正身處絕境，你也是快樂，也是幸福的。

最後，用一位德高眾望的前輩講過的話共勉。大意是：「一切全在你自己，你是什麼思想，你就有什麼言行，你就有什麼境界，你就有什麼下場，沒有任何人來管你，都是自主的，天堂是自己走上去的（幸福的人生就是天堂），不是任何人能推上去的，地獄也是自己走下去的（痛苦的人生就是地獄），不是任何人能拉下去的。」

身心靈成長

01	心靈導師帶來的36堂靈性覺醒課	姜波	定價：300元
02	內向革命-心靈導師A.H.阿瑪斯的心靈語錄	姜波	定價：280元
03	生死講座——與智者一起聊生死	姜波	定價：280元
04	圓滿人生不等待	姜波	定價：240元
05	看得開放得下——本煥長老最後的啟示	淨因	定價：300元
06	安頓身心--喚醒內心最美好的感覺	麥克羅	定價：280元
07	捨不得 捨得是一種用金錢買不到的獲得	檸檬公爵	定價：260元
08	放不開--你為什麼不想放過自己？	檸檬公爵	定價：260元
09	快樂悲傷選邊站	方向乾	定價：280元
10	夫妻禪話	果偉居士	定價：210元

經典中的感悟

01	莊子的人生64個感悟	秦漢唐	定價：280元
02	孫子的人生64個感悟	秦漢唐	定價：280元
03	三國演義的人生64個感悟	秦漢唐	定價：280元
04	菜根譚的人生88個感悟	秦漢唐	定價：280元
05	心經的人生88個感悟	秦漢唐	定價：280元
06	易經的人生64個感悟	秦漢唐	定價：300元
07	道德經的人生64個感悟	秦漢唐	定價：300元
08	論語的人生64個感悟	秦漢唐	定價：300元

三國文學館

01	三國之五虎上將關雲長	東方誠明	定價：260元
02	三國志人物故事集	秦漢唐	定價：260元
03	三國之鐵膽英雄趙子龍	戴宗立	定價：260元

國家圖書館出版品預行編目資料

夫妻禪話 / 果偉居士 編著 一版.

-- 臺北市 :廣達文化, 2016.1

面 ; 公分. -- （身心靈成長：10）（文經閣）

ISBN 978-957-713-576-6(平裝)

224.515　　104027773

夫妻禪話

榮譽出版：文經閣

叢書別：身心靈成長 10

作者：果偉居士 編著
出版者：廣達文化事業有限公司
Quanta Association Cultural Enterprises Co. Ltd
發行所：臺北市信義區中坡南路 287 號 4 樓
電話：27283588　傳真：27264126　E-mail：*siraviko@seed.net.tw*
劃撥帳戶：廣達文化事業有限公司　帳號：19805170

印　刷：卡樂印刷排版公司　裝　訂：秉成裝訂有限公司

代理行銷：創智文化有限公司
23674 新北市土城區忠承路 89 號 6 樓
電話：02-2268-3489　傳真：02-2269-6560

CVS 代理：美璟文化有限公司
電話：02-27239968　傳真：27239668

一版一刷：2016 年 1 月

定　價：210 元

書山有路勤為徑
學海無崖苦作舟

文經閣

書山有路勤為徑
學海無崖苦作舟

文經閣